Dorothee Dziewas
Eine kleine Lady

Dorothee Dziewas

Eine kleine Lady

Harriet Beecher Stowe –
die Frau, die „Onkel Toms Hütte" schrieb

BRUNNEN
Verlag Giessen · Basel

© 2011 Brunnen Verlag Gießen
www.brunnen-verlag.de
Umschlagfoto: Getty images, shutterstock
Umschlaggestaltung: Sabine Schweda
Satz: DTP Brunnen
Druck: CPI – Ebner und Spiegel, Ulm
ISBN 978-3-7655-1655-9

Inhalt

PROLOG 7

EIN UNGEWÖHNLICHES MÄDCHEN 9

GEORGIANA 23

NEUE AUFGABEN 39

IM SEMIKOLON-KLUB 56

HERZKLOPFEN 72

„DIE MAYFLOWER" 92

DAS BUCH, DAS ALLES VERÄNDERTE 106

EUROPAREISE 122

AUFBRUCH IN EINE NEUE ZEIT 136

EPILOG 153

Prolog

*Ü*ber Nacht war der Winter hereingebrochen. Die dichte Schneedecke glitzerte unberührt in der Morgensonne und verzauberte den Garten hinter dem Haus in ein weißes Märchenland. Wo die Herbststürme vor Kurzem noch die Blätter von den Ästen geweht hatten, herrschte jetzt andächtiges Schweigen. Harriet ließ den Blick über die schneebedeckten Bäume und Büsche wandern und rieb sich den schmerzenden Arm. Wenn das Wetter umschlug, spürte sie es immer in den Knochen.

Sie wandte den Blick vom Fenster ab und sah zu ihrem Schreibtisch hinüber. In letzter Zeit war es ruhiger um sie geworden, aber das machte ihr nichts aus. Jetzt hatte sie mehr Zeit, um Briefe zu schreiben, zu malen und die Früchte ihrer Arbeit zu genießen.

Als sie hinter sich ein Geräusch hörte, drehte sie sich um. Sie lächelte. „Ah – Betty, bringst du den Tee?"

„Ja, Ma'am", erwiderte das Mädchen, das den Kopf zur Tür hereingesteckt hatte und jetzt zögernd den Raum betrat.

„Stell ihn dort ab, ich schenke mir gleich selbst ein, danke." Harriet trat an ihren Schreibtisch und nahm das Buch in die Hand, das dort lag. Während die Schritte des Mädchens auf der Treppe verklangen, strich Harriet mit den Fingern über den Einband. Dann schlug sie den Buchdeckel auf. *Die Leute von Poganuc* stand in großen Buchstaben auf der Titelseite. Und darunter ihr Name: *Harriet Beecher Stowe*.

Schon vor acht Jahren hatte sie ihrem Verleger von der Idee zu diesem Buch erzählt. Und jetzt hielt sie es endlich in Händen. Es war immer ein besonderer Augenblick, wenn die fertigen Bücher eintrafen. Doch diesmal betrachtete sie ihr Werk mit besonders liebevollem Blick. Auf diesen Seiten stand ihre eigene Geschichte, hier hatte sie ihre Kindheit wiederauferstehen lassen.

Sie schlug das erste Kapitel auf, und als sie die ersten Zeilen las, wanderten ihre Gedanken in die Vergangenheit: „... *eine große, saubere Küche in Neuengland vor ungefähr sechzig Jahren ...*"

Ein ungewöhnliches Mädchen

*H*attie!" Harriet blickte nur kurz auf. Dann kletterte sie über die moosbewachsenen Steine am Ufer des Flusses, um in eine Mulde im flachen Wasser hineinzuspähen. Die Herbstsonne ließ glitzernde Lichter auf dem Wasser tanzen, aber in die Mulde unter den Steinen fiel kein Sonnenstrahl. Wie oft hatte Harriet schon gedacht, sie könnte einfach ihre Hand ausstrecken und einen der Hechte fangen, die dort reglos im Schatten der Tannen verharrten. Aber jedes Mal, wenn sie mit den Fingerspitzen das Wasser berührte, waren die Fische wie der Blitz verschwunden.

Am Fluss und in den Wäldern ihrer Heimatstadt Litchfield im Bundesstaat Connecticut gab es unendlich viele Dinge zu entdecken, und Harriet liebte Samstage wie diesen. Wenn alle Hausarbeiten getan waren, konnte sie mit ihren Geschwistern loslaufen und Beeren oder Nüsse sammeln. Der Duft der kleinen, saftigen Wildäpfel im Sommer vermischte sich mit dem der Tannenzapfen und des feuchten Waldbodens. Im Herbst gingen Harriet und ihre Geschwister Pilze und Kastanien sammeln, eine der seltenen Gelegenheiten, bei denen ihr Vater seine Bücher und Predigten vernachlässigte und mit ihnen durch die Wälder streifte.

„Hattie!", ertönte Henrys Stimme wieder, diesmal lauter, und sie sah ihren Bruder zwischen den Bäumen auf sich zu rennen. „Komm! Onkel Samuel ist da!"

Harriet raffte ihren Rock und balancierte auf den Steinen zurück zum Ufer. Sie mochte Onkel Samuel. Er erzählte immer aufregende Geschichten von fernen Ländern, gefährlichen Abenteuern und fremdländischen Menschen, denen er auf seinen Reisen als Kapitän begegnet war. Harriet konnte ihm stundenlang zuhören.

Während sie ihrem Bruder zum Pfarrhaus folgte, überlegte sie, was für Schätze der Onkel diesmal wohl im Gepäck haben mochte.

„Onkel Samuel!" Harriet riss die Tür zur Wohnstube auf. Ihr Onkel stand zusammen mit ihrem Vater am Kamin und wärmte sich auf. Zwei der Studenten, die mit bei ihnen wohnten, saßen am Tisch über ihren Büchern. Harriet konnte sich nicht erinnern, wann sie das letzte Mal nur mit ihren Eltern und ihren Geschwistern zusammen gegessen hatte. Irgendein Verwandter, Untermieter oder Gast war immer im Haus.

„Onkel Samuel! Erzählst du uns wieder eine Geschichte?"

„Na, wenn das nicht unsere Harriet ist!" Der Onkel grinste. „Also, Lyman", fügte er zu Harriets Vater gewandt hinzu, „deine Tochter ist ja schon wieder gewachsen. Wie alt ist sie jetzt? Neun?"

„Acht", kam Harriet ihrem Vater zuvor.

„Und bist du in der Schule fleißig?"

Lyman Beecher sah seine Tochter an, und seine Miene zeigte fast so etwas wie Stolz. „Unsere Harriet ist sehr klug und lernt gut. Ich würde hundert Dollar dafür geben, wenn sie ein Junge wäre und Henry ein Mädchen."

Harriet wusste, dass es ein Lob sein sollte. Es geschah nicht oft, dass ihr Vater sie lobte. Meistens beachtete er sie gar nicht, und wenn er es doch einmal tat, dann verglich er sie mit ihren Brüdern. Das Mädchen unterdrückte ein Seufzen. Wie so oft wünschte sie sich, Mama wäre noch am Leben. Als Roxana Beecher ihren letzten Atemzug getan hatte, war Harriet erst fünf Jahre alt gewesen, und so konnte sie sich nicht an sehr viele Einzelheiten erinnern. Aber nach dem, wie Harriets Großmutter und Mamas Geschwister von ihr sprachen, musste sie geradezu ein Engel gewesen sein. Harriet kam recht gut mit ihrer Stiefmutter aus, aber das war nicht dasselbe. Wenn sie abends im

Bett lag, stellte sie sich vor, wie es wäre, wenn ihre schöne, sanfte Mutter mit ihr das Abendgebet sprechen könnte.

„Weißt du eigentlich, dass ich vor einigen Wochen nur ganz knapp einem gefährlichen Tier entkommen bin?", fragte Onkel Samuel mit einem Augenzwinkern, als er ihre bekümmerte Miene sah. „Nein? Die Geschichte muss ich euch unbedingt erzählen."

Harriets Miene hellte sich auf und sie nahm die Hand ihres Onkels, um ihn zu dem alten Sofa zu ziehen, das unterm Fenster stand. „Erzählst du sie uns jetzt gleich?"

Onkel Samuel lachte, aber sein Schwager runzelte die Stirn. „Harriet, du weißt doch, dass wir gleich zu Abend essen. Du kannst Mutter in der Küche helfen. Und dann müsst ihr auch noch eure Schulaufgaben machen. Nun lass deinen Onkel in Ruhe."

Harriet wandte sich ab, damit ihr Vater nicht sah, wie sie die Augen verdrehte. „Ja, Vater."

Henry warf ihr einen Blick zu und zuckte mit den Schultern. „Komm, wir sehen nach, ob Zillah den Nachtisch schon fertig hat. Vielleicht können wir ein bisschen davon probieren."

Harriet seufzte und ging mit ihrem zwei Jahre jüngeren Bruder in die Küche, um beim Tischdecken zu helfen. Sie würde sich eben in Geduld üben müssen, bis sie die neuesten Abenteuer aus Onkel Samuels Leben zu hören bekam. Gut, dass morgen Sonntag war, da würden sie alle gemeinsam im kleinen Wohnraum am Kamin sitzen und den Erzählungen ihres Onkels lauschen.

Nach dem Essen zogen die Männer sich mit einer Tasse Kaffee zurück, während Hatties Stiefmutter, die wie sie selbst Harriet hieß, mit einer Handarbeit auf dem Sofa Platz nahm. Der kleine Charles war vom Mädchen zu Bett gebracht worden, und Harriet und Henry wurden in ihr Zimmer geschickt, um zu lernen.

Es dauerte nicht lange, und der Tisch, an dem die Geschwister jeden Tag ihre Schulaufgaben machten, war mit Büchern und Blättern übersät. Auch wenn sie jetzt lieber bei den Erwachsenen gesessen hätte, machte es Harriet eigentlich nichts aus zu lernen. Sie ging gerne zur Schule. Zum Glück war ihr Vater immer der Meinung gewesen, dass auch Mädchen eine gute Schulbildung bekommen sollten. Sie war ganz aufgeregt gewesen, als sie in diesem Sommer von der Grundschule auf die höhere Schule hatte wechseln dürfen. Normalerweise nahm die Mädchenschule keine Schülerinnen auf, die jünger als zwölf Jahre waren, aber weil Harriet einen so wachen Geist besaß, hatte man bei ihr eine Ausnahme gemacht. Umso mehr bemühte sie sich, mit den älteren Kindern mitzuhalten.

Auch zu Hause tat sie alles, um sich gegen ihre großen Geschwister zu behaupten. Manchmal saß die ganze Familie um den Küchentisch und schälte Berge von Äpfeln, die für den Winter zu Apfelmus eingekocht wurden. Bei diesen Gelegenheiten brachte ihr Vater ihnen mit dem Schälmesser in der Hand bei, wie sie ihre Ansichten formulieren und dafür eintreten konnten. Er zeigte ihnen, wie man Gegenargumente widerlegte und in einem Gespräch die Oberhand behielt. An solchen Tagen war Harriet froh, dass ihr Vater sie so behandelte, als wäre sie ein Junge. Nicht auszudenken, wenn sie all die spannenden Unterhaltungen verpasst und stattdessen Strümpfe hätte stricken müssen!

Außerdem las sie für ihr Leben gern. Sie verschlang jedes Buch, das sie in die Finger bekam. Wie viele Stunden hatte sie schon im Studierzimmer ihres Vaters vor den hohen Bücherregalen gestanden und einen der ledergebundenen Bände nach dem anderen herausgezogen und ehrfürchtig betrachtet. Die meisten Bücher waren mit Predigten, Aufsätzen und theologischen Abhandlungen gefüllt, aber manchmal fand sich eine unverhoffte Perle unter den gelehrten Werken. Ein Geschichtsband zum Beispiel mit Landkarten und Zeittafeln. Oder die Biografie eines einflussreichen Predigers, den ihr Vater verehrte und dessen Erlebnisse vor Harriets innerem Auge die lebhaftesten Bilder entstehen ließen. Am liebsten aber las Harriet in den Geschichten von Walter Scott.

Ivanhoe und andere Bücher des großen schottischen Schriftstellers waren ein Schatz; selbst ihr strenger Vater, der sonst keine Romane im Haus duldete, konnte sich ihrem Zauber nicht entziehen. Und die Kinder liebten die spannenden Geschichten und dramatischen Schilderungen. Sie gaben den Bächen und Hügeln in der Umgebung die schottischen Namen, die sie aus Scotts Büchern kannten, und Harriet konnte ganze Dialoge auswendig aufsagen.

Die große alte Wohnzimmeruhr schlug sieben und Harriet schlug seufzend ihre englische Grammatik auf.

Am nächsten Morgen wurde sie von energischem Klopfen geweckt. Die Tür ging auf und das Mädchen stellte eine Kerze auf den Tisch neben der Tür, denn durch die Fenster drang noch kein Lichtschein. Harriet setzte sich schlaftrunken auf. Im Bett nebenan regte Henry sich ebenfalls.

„Henry, bist du wach?"

„Mmmm." Es klang mehr nach einem Stöhnen als nach Zustimmung.

Harriet schwang die Füße aus dem Bett und wusch sich in der kühlen Morgenstunde schnell das Gesicht, bevor sie ihr Sonntagskleid anzog.

Der Tag begann im Hause Beecher um vier Uhr morgens. An den Wochentagen gab es immer irgendeine Arbeit zu verrichten, bei der die Kinder helfen mussten. So wurde montags die Wäsche gewaschen, am Dienstag wurde sie gebügelt und am Mittwoch wurde Brot gebacken.

Aber heute war Sonntag. Harriet lief die Treppe hinunter und in die große Küche, in der sich nach und nach auch die anderen

Familienmitglieder und Hausgäste einfanden. Sie setzte sich neben ihren Onkel und zupfte ihn am Ärmel.

„Onkel Samuel?"

„Guten Morgen, Harriet."

„Erzählst du nach dem Gottesdienst deine Geschichte? Ich bin doch schon so gespannt darauf!"

Der Onkel lächelte. „Wir wollen sehen, was euer Vater sagt. Aber weißt du was? Ich habe euch auch etwas mitgebracht."

Harriet sah ihn mit großen Augen an. „Wirklich? Was ist es denn? Was hast du uns mitgebracht?" Sie konnte kaum still sitzen, so ungeduldig war sie.

„Guten Morgen." Lyman Beecher kam im Sonntagsstaat zur Tür herein und nickte in die Runde, bevor er am Kopfende des Tisches Platz nahm. Dann neigte er den Kopf und betete: „Herr Jesus, segne diese Speise und mache uns demütig, damit wir rechte Christen seien. Dein heiliger Name sei gepriesen. Amen."

Kaum war das Amen verklungen, stürzten Harriets Brüder sich auf das Graubrot und die Wurst, die das farbige Mädchen aufgetischt hatte. Der würzige Duft von gebratenem Speck hing in der Luft, und Harriet sog ihn ebenso begierig in sich auf wie die Jungen. Nachdem alle Teller gefüllt waren, tunkte sie ihr Brot in die dampfenden Bohnen, während ihre jüngeren Brüder sich damit vergnügten, Fratzen zu schneiden, wann immer ihr Vater in eine andere Richtung blickte.

„Nun, Lyman, wie ist es um deine Schäflein bestellt?", fragte Onkel Samuel seinen Schwager augenzwinkernd. „Warnst du sie immer noch vor den heidnischen Gewohnheiten der römischen Kirche?"

Harriets Vater zog die Augenbrauen hoch, antwortete aber nicht. Wahrscheinlich wollte er am Tag des Herrn keinen Streit aufkommen lassen.

„Meinst du die Katholiken, Onkel Samuel?", fragte Harriet. „Wieso sind sie denn Heiden? Ich dachte, die Heiden leben im Orient."

„Nun, mein Kind, das ist eine gute Frage. Dein Vater missbilligt die Riten der katholischen Kirche, weil sie nicht in der Bibel zu finden sind. Dabei habe ich auf meinen Reisen nach Spanien Bischöfe kennengelernt, die ebenso fromm waren wie dein Vater und seine Gemeinde. Ja, ich bin sogar Muslimen begegnet, die ehrlicher waren als mancher Christ, den ich kenne!"

Harriet blickte erschrocken zu ihrem Vater hinüber. Sie sah, dass sich auf seiner Stirn eine strenge, steile Falte gebildet hatte. Die bekam er immer, wenn er irgendwelche Irrlehren oder einen „lauwarmen" Glauben witterte.

„Du weißt, dass ich deine unorthodoxen Ansichten nicht teile, Samuel", bemerkte Lyman steif. „Für uns kann es nur einen Weg geben – und das ist der Weg des Gehorsams, auf dem wir jeden Tag nach Gottes biblischen Weisungen leben. Sie und nichts sonst sind die Grundlage unseres Glaubens!"

Wann immer Onkel Samuel da war, spürte Harriet, dass die Atmosphäre im Haus etwas angespannt war. Der Onkel machte oft Späße und zog seinen Schwager gerne auf, aber Harriet war sich sicher, dass es nicht böse gemeint war. Jemand, der so gutmütig war wie Onkel Samuel, der alle seine Neffen und Nichten mit Geschenken bedachte und so liebevoll von Harriets Mutter sprach, konnte gar nicht gemein sein. Doch wenn es um Gott ging, verstand ihr Vater keinen Spaß, das wusste sie. Sie und ihre Geschwister hatten schon so manche Stunde auf Knien gebetet, wenn der große Prediger Lyman Beecher seine Stimme zu Gott erhob, und die Kapitel aus der Bibel, die er zu Beginn der täglichen Familienandacht vorlas, waren oft auch sehr lang.

Es war nicht so, dass Harriet etwas gegen die Bibel hatte. Sie liebte dieses Buch mit seinen Geschichten über die spannenden Erlebnisse von Mose oder David und über Jesus, der kranken Menschen half. Und sie lernte eifrig die Bibelverse und die Artikel aus dem Katechismus auswendig, die ihr Vater den Kindern aufgab. Schließlich wollte sie, dass Gott sie mit Wohlwollen ansah und dass ihr Vater stolz auf sie war. Sie wünschte nur, er würde nicht immerzu von der Hölle sprechen und vom Gehorsam und von Geboten und von den bösen Dingen, die die Menschen taten. Manchmal bekam sie es richtig mit der Angst zu tun. Was, wenn sie nicht gerettet würde?

„Kannst du mir bitte noch mal den Speck reichen, Hattie?", riss Mrs Beechers Stimme sie aus ihren Gedanken. Harriet schob ihrer Stiefmutter den Teller zu und löffelte schweigend ihre restlichen Bohnen auf. Der Appetit war ihr plötzlich vergangen.

„Wenn ihr Kinder fertig seid, könnt ihr aufstehen und eure Teller ins Spülbecken stellen", sagte Harriets Stiefmutter kurz darauf. „Und dann macht euch für die Andacht fertig."

Die nächste Stunde verbrachten die versammelten Beechers und ihre Hausgäste mit Bibel und Gebet und damit, sich für den Kirchgang zurechtzumachen. Das Gotteshaus stand gleich nebenan, ein quadratischer Bau mit schmucklosen, weiß getünchten Wänden. Um diese Jahreszeit war es bereits empfindlich kalt in dem ungeheizten Gebäude, und so war das Stillsitzen während der Versammlung eine wahre Charakterprüfung. Die ausführliche Predigt und die wenigen, behäbigen Psalmengesänge taten ihr Übriges, um den Kindern die Zeit lang werden zu lassen.

An diesem Tag wollte der Gottesdienst schier kein Ende nehmen, und Harriet rutschte ungeduldig auf der Bank hin und her. Während ihr Vater auf der Kanzel stand und seine Schäfchen ermahnte, nicht vom Weg des Guten Hirten abzukommen, malte Harriet sich aus, was ihr Onkel diesmal von seinen Reisen mitgebracht haben könnte.

Endlich war es so weit. Das Mittagessen war abgetragen, die Küche aufgeräumt und geputzt und allmählich scharten sich alle Bewohner des Hauses um den Kamin in der Stube, wo Onkel Samuel eine Kiste mit geheimnisvollem Inhalt aufgebaut hatte.

Harriet hüpfte vor Begeisterung auf der Stelle, während sie zusah, wie ihr Onkel die kostbaren Mitbringsel eins nach dem anderen aus der rauen Holzkiste holte. Jedes Stück war einzeln in Seidenpapier eingeschlagen, und jedes Mal, wenn Onkel Samuel eines auswickelte, ging ein Raunen durch die Kinderschar. Diesmal hatte er aus Asien ein Paar seidene Pantoffeln für Mrs Beecher mitgebracht, bemalte Fächer für Catharine und Mary und hübsche bunte Holzkästchen für die kleineren Kinder. George erhielt ein afrikanisches Schnitzmesser mit dunklem Holzgriff.

Was Harriet jedoch am meisten interessierte, waren die Bücher, die ihr Onkel zum Schluss hervorholte. Manchmal waren sie in Sprachen geschrieben, die sie nicht verstand, aber oft waren es die neuesten Gedichte von Byron oder Shelley, die in Zukunft die heimische Bibliothek zieren würden.

„Hier, Harriet, das letzte Buch darfst du auspacken." Onkel Samuel reichte ihr das in Papier gehüllte Paket. Es war dick und schwer und roch leicht süßlich, wie exotische Gewürze. Vorsichtig schlug sie das Seidenpapier zurück, und vor ihr lag ein Exemplar der *Geschichten aus tausendundeiner Nacht*. Ehrfürchtig fuhr sie mit dem Finger über den gewölbten ledernen Buchrücken mit der goldenen Prägung und über die feinen dunkelroten Ornamente auf dem Deckel. Schon das Äußere verhieß wundervolle Geheimnisse.

„Wisst ihr, wie dieses Buch in meinen Besitz gelangt ist?", fragte Onkel Samuel in die Runde. Die Kinder schüttelten stumm die Köpfe und sahen ihn erwartungsvoll an. „Das war so …"

Wie gebannt hingen alle an den Lippen des Onkels, als er von seiner jüngsten Reise erzählte – Geschichten von Menschen aus dem fernen Orient, von wilden Tieren und wundersamen Landschaften.

Seit Harriet denken konnte, war Onkel Samuel in der Welt herumgereist, hatte von seinen Abenteuern erzählt und unzählige Andenken aus fernen Ländern mitgebracht. Wann immer der Onkel zu Besuch kam, stiegen in Harriet Erinnerungen an die Zeit auf, die sie als kleines Kind bei ihrer Großmutter verbracht hatte. Die Vorhänge um ihr Bett waren aus indischem Leinen gefertigt und mit seltsamen großen Pflanzen bedruckt, zwischen denen sich chinesische Sommerhütten und Riesenvögel tummelten – auch diesen Stoff hatte ihr Onkel von seinen Reisen mitgebracht.

Sie erinnerte sich noch an den Tag kurz nach dem Tod ihrer Mutter, als sie in Nutplains ankam. Die Großmutter hatte sie auf ihren Schoß gezogen und geweint, und Harriet hatte sich gewundert, warum eine erwachsene Frau bei ihrem Anblick in Tränen ausbrach.

Harriet liebte Nutplains. Jeder Wacholderstrauch, jeder Pfad, jeder Hügel um den Hof der Großeltern, wo Harriet und ihre Geschwister gespielt hatten, sprach von der Liebe, mit der sie jedes Mal dort empfangen wurden. Die Traurigkeit, die sie ohne ihre Mama zu Hause empfunden hatte, schien wie verflogen, wenn sie in dem eleganten Elternhaus von Roxana Beecher war. Im Haus ihrer Großmutter ging es immer viel fröhlicher zu als zu Hause. Während Harriets Vater jegliche Weihnachtsfeierlichkeiten als „unbiblisch" bezeichnete, wurden die Feiertage im Haus ihrer Großmutter ausgiebig begangen. Das Haus wurde mit Tannenzweigen geschmückt und Großmutter machte den Kindern Geschenke. Doch auch der Alltag war dort anders. Die Großmutter las aus ihrem englischen Gebetbuch Gebete für den König und die Königin und die ganze königliche Familie vor. Die Kinder lernten, bei Tisch gerade zu sitzen und „Ja, Ma'am" und „Nein, Ma'am" zu sagen.

Und dann war da noch Tante Harriet. Sie war nicht verheiratet und hatte keine eigenen Kinder, aber wenn die kleine Hattie bei ihr war, dann sorgte sie wie eine Mutter für das Mädchen. Sie brachte ihrer Nichte Nähen und Stricken bei, weil sie der Meinung war, eine junge Dame müsse das können. Und sie erzählte immer wieder von Roxana.

„Sieh mal, Miss Harriet", sagte ihre Tante zum Beispiel und nahm einen handbemalten Teller aus der Vitrine im Wohnzimmer. „Diesen Teller hat deine Mutter selbst bemalt. Hier kannst du sehen, wie fein die Zeichnung ist – deine Mama hatte eine sehr ruhige Hand."

Harriet betrachtete das Bild des kleinen Vogels, der auf einem zarten Zweig in der Mitte des Porzellans saß. Die leuchtend rote Brust und die lustigen dunklen Augen waren eine Freude anzusehen. „Was für schöne Farben er hat!", staunte sie.

Tante Harriet lächelte. „Ja, unsere Roxana hatte wirklich ein Auge für diese Dinge. Auch beim Sticken hat sie immer die schönsten Farben ausgewählt. So wie hier." Sie zog eine Tischdecke aus feinem Damast aus der untersten Schublade der Anrichte. „Siehst du?"

Wenn ich doch auch so schöne Dinge erschaffen könnte!, hatte Harriet damals gedacht. Schon früh hatte sie ihre Mutter bewundert, die so sanft und gebildet war und so wunderschöne Handarbeiten anfertigte. Sie hatte das Gefühl, dass ihre Mutter die wunderbarste Frau auf der ganzen Welt gewesen sein musste. Jedes Ungemach, die Hausarbeit, den Lärm ihrer Kinder, die Strenge des Vaters und ihre schwindende Gesundheit hatte sie mit sanftem Gleichmut ertragen. Selbst auf ihrem Sterbebett hatte sie nicht geklagt, und Harriet erinnerte sich daran, wie sie mit ihren letzten Atemzügen vom Himmel erzählt und für ihre Familie gebetet hatte.

Und ihre Mutter hatte Bücher geliebt, genau wie Harriet. Es musste schwer für sie gewesen sein, nachdem sie den großen Prediger Lyman Beecher geheiratet hatte – den Mann, der in allen schönen Dingen, in Romanen und Gedichten nur weltliche oder gar unchristliche Vergnügungen sah. Und so sehr Harriet ihrem Vater zuliebe eine gehorsame Tochter und demütige Christin sein wollte, so sehr sehnte sie sich doch zugleich nach der schönen und lebensfrohen Welt, in der ihre Mutter aufgewachsen war.

„Und als der Tiger mit gefletschten Zähnen auf mich zukam, blieb mir fast das Herz stehen – das könnt ihr mir glauben", riss die dramatisch erhobene Stimme ihres Onkels sie aus ihren Gedanken. Er saß auf der vorderen Sesselkante und wandte den Kopf langsam nach rechts und dann wieder nach links. „Ich wagte kaum, mich zu bewegen, schließlich wollte ich das riesige Tier nicht reizen. Aber zugleich musste ich einen Ausweg finden, denn hinter mir waren nur steile Felsen."

Harriets Geschwister, zwei Schülerinnen von der Mädchenschule, die im Pfarrhaus wohnten, und einige Studenten aus dem juristischen Seminar lauschten gebannt Onkel Samuels Geschichte. Niemand konnte so gut erzählen wie er. Aber der Onkel war auch in anderen Dingen sehr klug. Später am Abend würde die Unterhaltung sich sicherlich wieder um Literatur und Philosophie, um Geschichte und natürlich um Theologie drehen, so wie es meistens war, wenn sie alle beisammensaßen. Es war immer spannend, den Gesprächen der Erwachsenen zu folgen. Harriet sog all dies in sich auf, begierig, mehr zu lernen.

Die Tür ging auf und Lyman Beecher kam herein. Harriet blickte zu ihrem Vater auf. Er war nicht nur auf der Kanzel eine beeindruckende Erscheinung. Auch in seinem eigenen Haus, als Lehrer und Erzieher beherrschte er die Bühne mit seinem energischen Schritt, seiner kräftigen Stimme und einer intensiven Gegenwart, die alle Anwesenden automatisch aufmerken ließ.

Dabei war der wortgewaltige Prediger nicht immer ernst und unnahbar. Ebenso wie Harriets Mutter hatte ihr Vater ein Herz für die Musik. Er hatte eine Geige, die er liebte und die in seinem Studierzimmer einen beinahe ebenso prominenten Platz hatte wie Vaters Bibel. Harriet selbst hatte Klavier gelernt, ihr Bruder spielte Flöte und sonntagabends nach Sonnenuntergang kam die Familie oft zusammen, um gemeinsam zu musizieren. Wenn er Geige spielte, war Lyman Beecher wie ausgewechselt, und Harriet liebte diese sanfte, fröhliche und lebensfrohe Seite ihres Vaters. Jetzt hielt er sich jedoch im Hintergrund und ließ Onkel Samuel seine Geschichte zu Ende erzählen.

„Ihr könnt euch vorstellen, wie froh ich war, als der Tiger

gefangen und in einen Käfig gesperrt worden war und ich wohlbehalten an Bord meines Schiffes zurückkehren konnte." Mit diesen Worten lehnte Onkel Samuel sich zurück und genoss sichtlich die Wirkung seiner Erzählung.

„So, Kinder", meldete Harriets Vater sich jetzt zu Wort. Er erhob sich, in der Hand seine große schwarze Bibel, die vom vielen Lesen schon ganz abgegriffen war. „Gleich gibt es Abendessen. Vorher will ich euch aber an die Predigt aus dem heutigen Gottesdienst erinnern." Harriet fragte sich, ob er wohl meinte, den fantasievollen Ausführungen seines Schwagers eine ernstere Kost entgegensetzen zu müssen. „Ich lese den Text aus dem Buch Hesekiel, Kapitel 34, noch einmal vor: ,Aber zu euch, meine Herde, spricht Gott der Herr: Siehe, ich will richten zwischen Schaf und Schaf und Widdern und Böcken. Ist's euch nicht genug, die beste Weide zu haben, dass ihr die übrige Weide mit Füßen tretet, und klares Wasser zu trinken, dass ihr auch noch hineintretet und es trübe macht, sodass meine Schafe fressen müssen, was ihr mit euren Füßen zertreten habt, und trinken, was ihr mit euren Füßen trübe gemacht habt? Darum spricht Gott der Herr: Siehe, ich will selbst richten zwischen den fetten und den mageren Schafen.'"

Der Pastor hob warnend den Zeigefinger. „Ihr wisst doch, dass nur die Schafe, die dem Guten Hirten folgen, vor dem Verderben verschont bleiben. Wer Jesus nicht als seinen Heiland annimmt, wer die eigene Sünde nicht bekennt und bereut, wird von Gott verstoßen werden. Er ist der Richter, vor dem ihr euch irgendwann verantworten müsst." Harriets Vater ließ seinen eindringlichen Blick in die Runde schweifen. „Und weil der Herr wie ein Dieb in der Nacht kommen wird, duldet eure Entscheidung keinen Aufschub. Bekehrt euch, ehe das letzte Urteil gesprochen wird und Gott euch am Jüngsten Tag für immer in die Hölle schickt!"

Harriet zuckte zusammen. Da war sie wieder, diese Angst. Eigentlich war sie sich keiner besonderen Schuld bewusst, keiner großen Sünde, die sie hätte bereuen müssen. Natürlich hatte sie gelegentlich ihre Geschwister geärgert, und manchmal tat sie so, als hätte sie nicht gehört, wenn ihre Stiefmutter ihr etwas auftrug. Und erst heute Morgen hatte sie in der Kirche gesessen und gehofft, die Predigt würde schneller vorbeigehen, damit sie endlich Onkel Samuels Geschichte hören konnte. Ob Gott sie dafür bestrafen würde? Harriet spürte, wie Tränen in ihr aufstiegen. Sie wollte doch ein braves Mädchen sein und eine gute Christin. Sie hoffte inständig, sie würde endlich die Bekehrung erleben, von der ihr Vater immer sprach.

Aber bislang war nichts geschehen. Sie hatte kein Licht gesehen wie Saulus auf dem Weg nach Damaskus. Und sie hatte auch nicht wie Mose eine Stimme gehört, die zu ihr gesprochen hätte.

Als Harriet an diesem Abend im Bett lag, wünschte sie sich, ihre Mutter wäre hier. Bestimmt hätte sie gewusst, was zu tun war. Aber Mama war im Himmel. Und sie selbst würde vielleicht nie dorthin kommen. Wieder kamen ihr die Tränen, und sie drückte das Gesicht in ihr Kissen, damit Henry und Charles ihr Schluchzen nicht hörten.

Georgiana

„Wirst du endlich stillstehen, Harriet!" Catharine schüttelte den Kopf und versuchte zum dritten Mal, die Haare ihrer Schwester zu einem festen Knoten hochzustecken.

„Aber wir kommen zu spät!", jammerte Harriet.

„Und wessen Schuld ist das wohl? Wenn du nicht so zappeln würdest, wären wir längst fertig."

Harriet zwang sich, ruhig zu stehen, so schwer es ihr auch fiel. Um nichts in der Welt wollte sie die jährliche Feier in der Schule verpassen, und es würde nichts nützen, wenn sie ihre Schwester drängte, dafür kannte sie Catharine gut genug. Doch schließlich war sie fertig frisiert, ihr Sonntagskleid gerichtet, Haube und Schuhe waren geschnürt, und Harriet und Catharine machten sich auf den Weg.

Als sie in der Schule ankamen, war der Saal schon zum Bersten gefüllt. Etwa hundert Schüler waren mit ihren Eltern erschienen und redeten alle gleichzeitig, wie es schien. Es hätte Harriet nicht gewundert, wenn die Fenster von dem lauten Durcheinander zu klirren begonnen hätten. Ihre Ohren klingelten jedenfalls gehörig.

Dann betrat die Schulleiterin Miss Pierce das Podium, und der Lärm verebbte allmählich, während die Zuhörer sich setzten und ihre Blicke erwartungsvoll nach vorne richteten.

„Sehr geehrte Eltern, liebe Schülerinnen und Schüler", begrüßte Miss Pierce die Anwesenden. „Ich freue mich, dass Sie heute hier sind, um einige herausragende Arbeiten des letzten Jahres zu hören. Wir sind stolz auf die Errungenschaften unserer Mädchenschule von Litchfield, und ich denke, wir dürfen es auch sein. Unserer Institution ist es zu verdanken, dass viele junge Damen – und inzwischen auch Herren – bei uns eine gute Ausbildung erhalten, die ihnen in ihrem Leben nützen wird und sie zu reiferen Persönlichkeiten werden lässt. Unser Dank gilt in diesem Zusammenhang auch insbesondere unserem Oberlehrer, Mr John Brace." Sie blickte zu Harriets Lehrer hinüber, der hinter ihr auf dem Podium Platz genommen hatte. Harriet sah, wie er auf seinem Stuhl ein kleines bisschen größer wurde, als die Zuhörer applaudierten.

Harriet mochte Mr Brace. Er hatte vor seiner Heirat eine Zeit lang im Pfarrhaus der Beechers gewohnt und war ein Mensch, der andere begeistern konnte. In der Schule saß sie oft da und lauschte gespannt seinem Unterricht, wenn er mit den älteren Schülern über Philosophie und Geschichte sprach. Manchmal vergaß sie darüber völlig, ihre eigenen Aufgaben zu machen. Als der Lehrer sie dann ausgewählt hatte, um einen Aufsatz für die heutige Jahresfeier zu schreiben, war sie vor Stolz beinahe geplatzt.

Jetzt dankte die Schulleiterin auch Harriets Vater, der neben John Brace auf dem Podium saß. Ihr Vater hielt die Gottesdienste in der Schule und kümmerte sich auch sonst um das Seelenheil ihrer Schützlinge. Im Gegenzug durften Harriet und ihre Geschwister die Schule kostenlos besuchen. Lyman Beecher nickte ernst und ließ den Blick über die Zuhörerschar schweifen.

„Der erste Schüleraufsatz, den wir heute hören werden, trägt die Überschrift: ‚Kann die Unsterblichkeit der Seele im Lichte der Natur bewiesen werden?' Bitte, Mr Brace, wenn Sie so freundlich sein wollen?" Sie trat zurück und überließ die Bühne dem Lehrer, der mit einem Heft in der Hand vorgetreten war.

„Philosophen aller Jahrhunderte haben zu Recht festgestellt, dass der Mensch der wahre Gegenstand der Menschheitsforschung sei, und sein Wesen und seine Beschaffenheit, sowohl die körperliche als auch die geistige, werden von jeher aufs Kritischste begutachtet ...'"

Harriets Herz klopfte bis zum Hals, als sie die vertrauten Worte hörte. Immer wieder drehte sie ihr Taschentuch in den

Händen, bis es ganz zerknittert war. Dabei beobachtete sie die Miene ihres Vaters, der zunehmendes Interesse zeigte, je länger der Lehrer las. Hin und wieder nickte er zustimmend, dann wieder legte er den Kopf ein wenig schief und blickte nachdenklich drein.

Als Mr Brace geendet und sich wieder gesetzt hatte, beugte Harriets Vater sich zu ihm hinüber und fragte: „Das war ein sehr guter Aufsatz – wer hat ihn geschrieben?"

„Ihre Tochter, Sir", antwortete der Lehrer.

Der Stolz, der ihrem Vater ins Gesicht geschrieben stand, war das schönste Geschenk, das man Harriet an diesem Tag machen konnte. Sie hatte ihrem Vater, dem strengen Prediger und angesehenen Lehrer, Ehre gemacht! Noch nie war sie so glücklich gewesen.

„Das hast du gut gemacht", sagte Catharine und strich ihr übers Haar. Und als Harriet zu ihrer elf Jahre älteren Schwester aufblickte, sah sie, dass diese Tränen in den Augen hatte. „Ich bin stolz auf dich", flüsterte Catharine.

Als Harriet an diesem Abend die Treppe zu ihrer Kammer hinaufstieg, erfüllte die Freude sie noch immer. Sie war wie ein warmes Gefühl im Magen, das sich langsam ausbreitete, so wie bei einer heißen Suppe, wenn man an einem Wintertag ganz durchgefroren war. Der anerkennende Blick, mit dem ihr Vater sie angesehen hatte, entschädigte sie für alle strengen Worte und Ermahnungen. Und er machte die vielen Gelegenheiten wett, bei denen ihr Vater sie tadelte, wenn sie herumsprang, bei den Unterhaltungen der Erwachsenen ungefragt sprach oder sich zum Essen verspätete, weil sie mit ihrem Bruder Henry im Wald gespielt und die Zeit vergessen hatte.

Harriet freute sich auch darüber, dass sie ihrer Schwester eine Freude gemacht hatte. Catharine war in letzter Zeit furchtbar ernst gewesen. Erst vor einem Jahr war ihr Verlobter bei einem Schiffsunglück umgekommen. Harriet wurde es ganz schwer ums Herz, wenn sie daran dachte, wie Catharine ihrer Liebe und ihren

Träumen hatte Lebewohl sagen müssen. Was für ein schreckli-cher Schicksalsschlag, nur wenige Jahre, nachdem sie ihre Mutter verloren hatten. Irgendwie konnte Harriet sich nicht daran er-innern, dass ihre Schwester jemals richtig unbeschwert gewesen wäre. Nachdem ihre Mutter gestorben war, hatte Catharine für ihre kleinen Geschwister gesorgt und den Haushalt überwacht, bis ihr Vater wieder heiratete. Danach war Catharine nach Boston gegangen und hatte studiert, um Lehrerin zu werden. Und jetzt hatte sie vor, ihre eigene Schule zu gründen.

Ob sie selbst wohl einmal heiraten würde? Oder würde sie auch unterrichten, wie ihre Schwester? Oft half sie ihren jün-geren Geschwistern bei den Hausaufgaben oder las ihnen Ge-schichten vor. Wäre es nicht aufregend, mit einer ganzen Schul-klasse über all die Dinge zu sprechen, die in der Welt vor sich gingen – über Politik und Kunst, über Moral und Geografie und vor allem über Bücher? Harriet konnte sich nicht recht vor-stellen, dass sie sich einmal um den Haushalt kümmern, Babys wickeln, sticken und nähen würde, wie ihre Stiefmutter es tat. Und es fiel ihr immer noch schwer, still zu sitzen und zu tun, was die Erwachsenen von ihr verlangten, wenn sie viel lieber mit ihren Brüdern herumgetobt wäre oder sich mit einem Buch verkrochen hätte.

Was die Zukunft auch bringen würde – wann immer Harriet sich vorstellte, wie es wäre, erwachsen zu sein, sah sie sich in einem Haus mit hübschen kleinen Erkern und umgeben von Hunderten von Büchern. Sie malte sich aus, dass sie ein Arbeits-zimmer hätte wie das ihres Vaters. Sie liebte diesen Raum. Alle Wände waren mit Bücherregalen bedeckt und auf dem mächti-gen Schreibtisch und überall auf dem Boden lagen Papierstöße und Bücherstapel. Es roch nach Staub und nach der Seife ihres Vaters, und die Bücher, die sie aus den Regalen anschauten, wa-ren für sie wie stille, aber trotzdem beredte Freunde. Wann im-mer sie konnte, saß sie in einer Ecke und las, während ihr Vater über seinen Predigten brütete oder Briefe schrieb.

Nachdem sie ihr Abendgebet gesprochen hatte, kroch Harriet mit einem zufriedenen Seufzen unter die Bettdecke. Ihre letzten Gedanken, bevor sie einschlief, galten wie immer ihrer Mutter. Aber diesmal waren es keine wehmütigen Gedanken. Denn sie war sicher, dass Mama heute vom Himmel auf sie herabgesehen und sich mit ihr gefreut hatte.

Ein frischer Wind blies von Osten, als Harriet vor dem Old State House in Hartford in Connecticut aus der Kutsche stieg. Mit einer Hand hielt sie ihre Reisetasche umklammert, in der sich all ihr Hab und Gut befand, während sie mit der anderen die Augen gegen die Sonne abschirmte und ehrfürchtig zu dem dreistöckigen Gebäude hinaufblickte. Sie hatte noch nie einen so beeindruckenden Bau gesehen, und ihre Schwester hatte ihr erklärt, dass sich darin unter anderem das Büro des Bürgermeisters und der Saal für den Stadtrat befanden. Mit seinen rotbraunen Ziegeln und den hohen weißen Säulen, die vom ersten Stockwerk aufragten, machte es den Stadtvätern alle Ehre.

Ihr Herz schlug schneller, als sie daran dachte, dass sie von jetzt an in dieser großen Stadt leben würde. Doch zugleich war ihr auch ein wenig mulmig bei dem Gedanken, nicht mehr in dem guten alten Pfarrhaus daheim bei Vater und Mutter zu wohnen. Dort, wo sie jeden Winkel kannte, wo sie mit ihren Brüdern gelernt und gelacht und den Unterhaltungen der Erwachsenen gelauscht hatte. Sie holte tief Luft und straffte die Schultern. Sie war dreizehn Jahre alt und beinahe erwachsen. Außerdem würde Catharine auf sie achtgeben, dessen war sie sicher. Aber wo war die große Schwester nur? Sie hatten verabredet, dass sie sich hier treffen würden, aber Catharine war nirgends zu sehen.

Ein Pferdewagen ratterte auf dem Kopfsteinpflaster an ihr vorbei. Leute in feinen Kleidern eilten auf dem Gehweg zu ihren

Häusern oder zu den verschiedenen Geschäften, und ein etwa zehnjähriger Junge mit kurzen Hosen und Mütze pries an der Straßenecke die Zeitung an. All die Hektik und der Lärm waren ganz fremd und ein bisschen beängstigend.

„Harriet!"

Sie drehte sich um, als sie ihren Namen hörte, und ein Lächeln erhellte ihre Züge, als sie ihre Schwester mit eiligen Schritten auf sich zukommen sah.

„Catharine, wie gut, dass du da bist!" Harriet ließ ihre Tasche fallen und umarmte ihre Schwester so fest, dass Catharine atemlos sagte: „Ach, du liebe Güte, Kind, was ist denn bloß in dich gefahren? Du drückst mir ja die ganze Luft ab!"

„Ich bin so froh, dich zu sehen – sieh dir nur all die fremden Leute hier an!"

Catharine lachte. „Du wirst dich schon daran gewöhnen. Aber jetzt komm, ich zeige dir, wo du wohnst."

„Oh, ich bin ja schon so gespannt auf Mrs Bull und auf mein Zimmer – und natürlich auf die Schule. Wie viele Mädchen sind denn dort?"

„Lass mich überlegen … es sind jetzt fünfundzwanzig, dich noch nicht mitgerechnet. Morgen früh lernst du sie kennen."

Während die beiden durch die Straßen von Hartford liefen, redete Harriet beinahe ununterbrochen. Sie erzählte von ihrem Kätzchen, das sie zu Hause hatte zurücklassen müssen, von Henrys Streichen und vom Apfelkuchen, den das Küchenmädchen Zillah ihr für Catharine mitgegeben hatte. Es dauerte nicht lange, und sie blieben vor einem schlichten Steinhaus stehen, das ein kleiner Vorgarten zierte.

„So, da sind wir. Und denk daran, dich bei Mr und Mrs Bull ordentlich zu benehmen. Es ist sehr freundlich von ihnen, dich bei sich wohnen zu lassen."

Harriet nickte geistesabwesend. Sie war viel zu sehr damit beschäftigt, all die neuen Eindrücke in sich aufzunehmen, die sie umgaben. Die letzten Rosen vor dem Haus der Bulls dufteten schwer und süß, und die Fenster waren blitzblank geputzt. Catharine betätigte den Türklopfer, und kurz darauf erschien eine untersetzte Frau mit einem runden, freundlichen Gesicht und intelligenten Augen.

„Herein, herein! Da ist ja endlich unser neues Familienmitglied. Herzlich willkommen in unserem bescheidenen Heim, meine liebe Harriet. Miss Beecher, bitte treten Sie doch ein. Ihr habt doch bestimmt Hunger, oder? Ich mache euch die Suppe von heute Mittag warm." Mrs Bull zog die beiden in die warme Küche. „Setzt euch, meine Damen, setzt euch."

Sie verschwand in der Speisekammer und ihre Stimme klang gedämpft, als sie hinzufügte: „Ich hatte doch irgendwo noch ein paar Plätzchen. Wo sind sie nur? Ah, hier!"

Sie tauchte wieder aus den Tiefen der Kammer auf und hielt triumphierend einen Teller mit Gebäck hoch. Den stellte sie vor den Schwestern auf den Tisch und nahm den Kessel, um auf dem Herd Wasser heiß zu machen. „Der Tee dauert nur einen Augenblick. Hattest du eine gute Fahrt, Harriet?"

Harriet erwiderte den Blick ihrer Gastgeberin und nickte. „Ja, danke, Ma'am." Sie hatte die lebhafte Frau schon jetzt ins Herz geschlossen. In dieser gemütlichen Küche fühlte sie sich genauso wohl wie bei ihrer Großmutter in Nutplains. Und verhungern würde sie hier ganz sicher auch nicht. Mrs Bull hatte einen großen Topf mit Suppe auf den Tisch gestellt und dazu frisch gebackenes Brot, das noch warm war und köstlich duftete. Harriets Magen knurrte. Vor lauter Aufregung hatte sie gar nicht bemerkt, wie hungrig sie war.

Sie blickte zu Mrs Bull auf. „Hm, schmeckt das gut!"

Die rundliche Frau strahlte übers ganze Gesicht. „Greif nur zu, mein Kind, es ist genug da!" An dem Blick, mit dem sie Harriet ansah, wurde deutlich, dass sie nicht nur die Suppe, sondern auch ihr weites, fröhliches Herz meinte.

Am nächsten Tag erwachte Harriet vom ersten Lichtschein, der durch die Fensterläden drang. Die ungewohnten Geräusche und die Aufregung hatten sie erst spät einschlafen lassen, aber jetzt hielt sie nichts mehr im Bett. Sie schlug die Steppdecke zurück und stand auf, um sich zu waschen und anzukleiden. In dem winzigen Zimmer, das sie ganz für sich hatte, gab es außer dem Bett noch einen Stuhl und eine kleine Kommode, auf der gerade ein Krug mit Wasser und eine Schüssel Platz hatten. Ein Handtuch hing an einem Haken an der Wand und daneben ein kleiner Spiegel.

Aus der Küche zog der Duft von Speck und Porridge herauf, und Harriet eilte hinunter, um Mrs Bull in der Küche zu helfen. Ihre Stiefmutter hatte ihr eingeschärft, sie solle sich im Hause ihrer Gastgeber nützlich machen, wann immer sie konnte. Und so half sie jetzt bereitwillig, den Tisch für die Familie zu decken. Harriet hörte, wie die Uhr in der Diele sieben schlug. Bald würde Catharine kommen und sie zum Unterricht abholen. Sie konnte es kaum erwarten. Wie das Klassenzimmer wohl aussah? Ob die anderen Mädchen sie leiden mochten? Vielleicht würde sie ja eine Freundin finden.

Als Catharine kurz nach dem Frühstück erschien, um gemeinsam mit ihr zur Schule zu gehen, stand Harriet bereits mit Hut und Mantel im Hausflur.

Catharine lächelte. „Du kannst es wohl kaum abwarten, bis die Schule anfängt."

Harriet nickte stumm. Auf einmal fühlte sie sich gar nicht mehr mutig und erwachsen.

„Du brauchst keine Angst vor der Schule zu haben, das weißt du doch. Die Mädchen dort sind sehr nett. Ich habe auch schon eines für dich ausgesucht, das in deinem Alter ist und neben dem du sitzen kannst."

Der Weg zur Schule führte sie an zwei Häuserblocks und einer kleinen Grünanlage entlang, dann über einen kleinen Bach und an mehreren Geschäften vorbei, bis sie vor dem Laden eines Sattlers stehen blieben. Über dem Schaufenster prangte in großen, geschwungenen Lettern der Name *Sheldon Coltons*

Sattlerei, und rechts und links davon war jeweils ein weißes Pferd abgebildet.

„Sind sie nicht schön?", meinte Harriet und zeigte auf die Pferde. „Fast so schön wie die Tiere, die Mama gemalt hat. Tante Harriet hat sie mir gezeigt, weißt du."

Catharine nickte und drückte die Hand ihrer Schwester. Einen Augenblick lang standen sie schweigend da und spürten eine enge Verbundenheit in ihrem gemeinsamen Verlust und dem Vermächtnis ihrer Mutter. Dann schloss Catharine auf und ging vor Harriet die Treppe hinauf ins Obergeschoss, wo sich ihre kleine Schule befand. Vom Flur gingen ein großes und ein kleineres Zimmer ab, die frisch gestrichen waren und hohe Fenster hatten. Der große Raum war mit Pulten und Bänken ausgestattet und offensichtlich das Klassenzimmer, während im kleineren ein Schreibtisch und mehrere Bücherregale standen. Das musste das Lehrerzimmer sein. Catharine ging in dieses Büro, öffnete einen kleinen Schrank unterm Fenster und holte einen Stapel Hefte heraus.

„Da draußen kannst du deine Sachen aufhängen." Sie deutete mit dem Kinn auf eine Reihe Haken, die an der Wand im Flur angebracht waren. Harriet setzte ihre Haube ab und streifte den Umhang von den Schultern.

„Bist du die Neue?"

Harriet erschrak, weil sie niemanden hatte kommen hören. Sie drehte sich um und sah ein Mädchen vor sich stehen, das etwas größer war als sie und sie mit prüfendem, aber nicht unfreundlichem Blick anschaute. Sie nickte. „Ich heiße Harriet, und du?"

„Georgiana. Willkommen in der Mädchenschule von Hartford." Dann lächelte sie. „Du brauchst nicht so ängstlich zu gucken, wir sind eine nette Truppe. Komm mit."

Das Mädchen zog Harriet hinter sich her ins Klassenzimmer und zeigte auf einen Tisch in der zweiten Reihe. „Miss Beecher hat gesagt, du sollst neben mir sitzen. Kannst du Latein? Wir nehmen gerade Vergil durch." Georgiana verdrehte die Augen. „Das ist ziemlich schwierig."

Harriet schluckte und schüttelte den Kopf.

Georgiana machte eine wegwerfende Handbewegung. „Macht nichts, du schaffst das schon. Und wenn du etwas nicht verstehst, frag mich einfach."

Allmählich trafen auch die anderen Schülerinnen ein und das Klassenzimmer füllte sich. Harriet war froh, dass Georgiana ihr die Mädchen vorstellte, als diese zur Tür hereinkamen. In der halbstündigen Pause drängten sich einige Mitschülerinnen um sie, die ungefähr so alt waren wie sie, um ihr Fragen zu stellen und ihr Dinge zu erklären. Die älteren Mädchen ignorierten sie größtenteils, aber Harriet war darüber nicht böse. Sie würde sich sowieso nicht alle Namen gleich am ersten Tag merken können.

Als sie sich am Ende des Schultages von ihrer Nachbarin verabschiedete, war sie ganz erschöpft von den vielen neuen Eindrücken und Gesichtern. „Danke, dass du mir geholfen hast, Georgiana."

„Ach, das habe ich gerne gemacht. Und sag Georgie zu mir – so nennen meine Freundinnen mich."

Überglücklich lief Harriet an diesem Nachmittag nach Hause. Und als sie später in der Stube ihrer Gasteltern saß und einen Brief an ihre Lieben daheim schrieb, schwärmte sie von ihrem neuen Zuhause, von der aufregenden Stadt, der Schule und vor allem von ihrer neuen Freundin. Jetzt konnte das Leben beginnen!

Es dauerte nicht lange, bis Harriet alle Mädchen in der Schule kannte und sich an den Tagesablauf im Haushalt der Bulls gewöhnt hatte. Doch es war kein Zuckerschlecken, wie sie schnell feststellte. In der Schule war sie die Einzige, die noch kein Latein konnte, und so saß sie tagein, tagaus über ihrer Grammatik, lernte Vokabeln oder versuchte erste kleine Texte zu verstehen.

„Ich kann kein Latein mehr sehen", stöhnte sie eines Nachmittags, als sie nach dem Unterricht mit Georgiana durch den kleinen Park in der Nähe der Schule schlenderte. „Morgens Latein, nachmittags Latein und abends wieder Latein – ich werde alt und grau, bevor ich wieder ein spannendes Buch lesen kann!"

„So schlimm wird es schon nicht sein", antwortete ihre Freundin. Dann grinste sie. „Ich habe eine Idee. Meine Mutter hat mir die neuen Gedichte von Byron geschenkt. Wie wäre es, wenn wir die ins Lateinische übersetzen? Dann übst du Latein und musst trotzdem nicht immer den doofen Cicero lesen."

Harriet lachte. Sie bezweifelte, dass ihre Schwester damit einverstanden wäre, aber Georgiana hatte immer verrückte Ideen, und es machte Spaß, mit ihr zusammen zu sein. „Gut, dass du mich bei Laune hältst. Ohne dich wäre es wirklich langweilig." Harriet seufzte. „Manchmal vermisse ich meine Geschwister, vor allem Henry, meinen Bruder."

Georgiana verdrehte die Augen. „Sei froh, dass du nicht ständig auf zwei kleine Schwestern aufpassen musst, so wie ich."

Harriet zuckte mit den Schultern. „Ich weiß nicht, eigentlich habe ich immer gerne mit den Kleinen gespielt und ihnen geholfen. Vielleicht werde ich ja später auch Lehrerin wie meine Schwester Catharine."

„Ich fürchte, dann musst du dich dein ganzes Leben lang mit Latein herumschlagen. Komm, wir gehen lieber, ich muss meiner Mutter helfen."

Harriet lachte und hakte sich bei ihrer Freundin unter. Gemeinsam liefen sie zur Straße zurück und verabschiedeten sich an der nächsten Kreuzung, wo ihre Wege sich trennten.

„Liebe Mitschülerinnen und Wählerinnen von morgen! Neue Aufgaben warten auf uns, und als Herausgeberinnen der Schülerzeitung fordern wir euch auf, euch einzumischen und unsere Gesellschaft mitzugestalten …" Harriet kicherte, als Georgiana mit in die Höhe gerecktem Kinn vor ihr auf und ab stolzierte und ihren Entwurf für den Schülerzeitungsartikel rezitierte, als hätte sie einen ganzen Saal voller Zuhörer. Alle Welt blickte in diesen Tagen nach Washington, wo zu Beginn des neuen Jahres ein neuer Präsident gewählt wurde, und Harriet fand, dass ihre Freundin eine gute Politikerin abgeben würde.

Jetzt runzelte Georgiana die Stirn. „Meinst du, das ist zu dick aufgetragen? ‚Gesellschaft mitgestalten‘ – schön wär's. Was können wir schon tun? Selbst wenn wir erwachsen wären, hätten wir doch nichts zu sagen." Sie ließ sich auf den Küchenstuhl fallen und warf den Zettel, den sie in der Hand hielt, auf den Tisch.

Harriet zuckte mit den Schultern. „Immerhin können wir genauso zur Schule gehen wie die Jungen. Ich bin wirklich froh, dass meine Eltern mir erlaubt haben, hier in die Schule zu gehen." Sie nahm Georgianas Hand und drückte sie. „Erstens, weil ich dich sonst nie kennengelernt hätte, und zweitens, weil es so viele Dinge gibt, die ich wissen möchte. Vielleicht dürfen Frauen ja später auch studieren, wer weiß?"

Sie dachte an all die Bücher, die es noch zu lesen galt, an die Geschichten, die Menschen zu erzählen hatten, und an die vielen Dinge, die man entdecken konnte. Und wie schön es wäre, all das später einmal weiterzugeben an Mädchen, wie sie selbst es jetzt waren. Ja, sie wollte auch einmal Lehrerin werden, dieser Gedanke war in der letzten Zeit immer mehr in ihr gereift.

Harriet hatte gesehen, wie die kleine Schule, die ihre Schwester so mutig begonnen hatte, wuchs und gedieh. Sie würden bald in größere Räumlichkeiten umziehen müssen. Immer mehr Familien wollten, dass ihre Töchter eine ebenso gute Ausbildung erhielten wie ihre männlichen Altersgenossen. Neben den Grundrechenarten, Grammatik und Geografie standen in der Mädchenschule nicht Nähen, Malen und Klavierspiel auf dem Stundenplan, sondern höhere Mathematik, Sprachen, Philosophie und Naturwissenschaften. Es waren aufregende Zeiten für junge Frauen, und Harriet und ihre Freundinnen blickten gespannt in eine hoffnungsvolle Zukunft.

Georgiana schüttelte den Kopf. „Ich weiß nicht. Meinst du,

es wird irgendwann wirklich Frauen geben, die einen richtigen Beruf lernen? Vielleicht sogar Ärztinnen oder Anwältinnen?"

„Lehrerinnen gibt es doch schon – das ist schließlich auch ein Beruf. Ich kann mir jedenfalls nicht vorstellen, mich nur um den Haushalt und die Familie zu kümmern. Falls ich überhaupt jemals heiraten sollte."

Georgiana nickte. „Ich heirate bestimmt nicht", behauptete sie im Brustton der Überzeugung.

Harriet bezweifelte das, aber sie widersprach nicht. Ihre Freundin war so lebhaft und hübsch, dass die Männer sie umschwärmen würden wie Motten das Licht. Sie selbst war dagegen alles andere als eine Schönheit. Mit ihren ausgeprägten Wangenknochen, dem zu klein geratenen Kinn und den schweren Augenlidern erwartete sie kaum, dass die Verehrer Schlange stehen würden, um ihr den Hof zu machen. Aber solange sie lernen und arbeiten konnte, würde sie ihren Weg durchs Leben schon machen, davon war sie überzeugt. Schließlich war sie die Tochter von Lyman und Roxana Beecher, und sie war dazu erzogen worden, fleißig, strebsam und gottesfürchtig zu sein.

Dieser Gedanke versetzte ihr wie immer einen Stich. Wie sollte sie Gottes Willen erkennen, wenn sie doch noch nicht einmal eine „richtige" Christin war? Sie seufzte. Warum musste das Leben so schön und zugleich so schwierig sein?

Die Scharniere knarrten leise, als Harriet die Tür zum Arbeitszimmer ihres Vaters öffnete. Sogleich schlug ihr der vertraute Geruch alter Bücher entgegen, den sie in Hartford so vermisst hatte. Hier oben unterm Dach war es zu dieser Jahreszeit stickig, und meistens nahm Harriet ihre Lektüre lieber mit hinunter, um sich damit auf dem Holzstapel hinterm Haus niederzulassen. Es war ein heißer Sommer, und sie verbrachte einen Großteil der

Ferien damit, mit ihren Brüdern durch den schattigen Wald zu streifen oder am Fluss die Beine ins Wasser baumeln zu lassen. Doch heute war ihr nicht danach, mit den anderen herumzutoben. Sie wollte nachdenken, und dazu musste sie allein sein.

Die große schwere Bibel, die ihr Vater benutzte, seit sie denken konnte, lag wie immer quer über der Armlehne seines Lesesessels, und Harriet fuhr mit dem Finger über die abgestoßenen Kanten. Morgen war in der reformierten Kirche, in der ihr Vater Pastor war, Abendmahlsgottesdienst, und Harriet nahm an diesen Sonntagen immer mit gemischten Gefühlen auf ihrer Bank unter der Kanzel Platz. Wie gerne hätte sie mit den anderen das Brot und den Wein geteilt, hätte feierlich der Erlösung durch ihren Heiland gedacht, der Abkehr von der Sünde und der Wiedergeburt im Glauben. Aber so sehr sie sich auch bemühte, ihre Verfehlungen zu erkennen und zu bereuen, wollte es ihr doch nicht gelingen. Wenn sie die farbenfrohe Pracht der Wiesenblumen betrachtete und die Bienen um den süßen Nektar summen hörte, konnte sie einfach nicht an Sünde denken. Aber wenn sie nicht ihre Sünden bereute, konnte sie nicht gerettet werden, und so würde ihr auch morgen wieder das Heil verwehrt bleiben. Harriet seufzte. Ob sie jemals eine richtige Christin sein würde?

Am nächsten Morgen gingen die Beechers gemeinsam zum Gottesdienst und setzten sich auf ihre gewohnte Bank, während Harriets Vater in der ersten Reihe Platz nahm. Vorne war der Abendmahlstisch mit einem blütenweißen Tuch bedeckt, auf dem eine Schale mit weichem, weißen Brot und zwei silberne Kelche standen. Sie waren so blank geputzt, dass man sich darin spiegeln konnte.

Nach den Lesungen, einigen Gebeten und einem Choral betrat Lyman Beecher die Kanzel. Normalerweise waren die Ausführungen ihres Vaters für Harriet so unverständlich, als spräche er eine Indianersprache, aber heute ließ der Ernst in seiner Stimme sie aufhorchen. An diesem Morgen predigte er über einen Abschnitt aus dem Johannesevangelium: „Ich sage hinfort nicht, dass ihr Knechte seid; denn ein Knecht weiß nicht, was sein Herr tut. Euch aber habe ich gesagt, dass ihr Freunde seid; denn alles, was ich von meinem Vater gehört habe, habe ich euch kundgetan." Und anstatt gelehrte Theorien und theologische Feinheiten zu erörtern, sprach er aus tiefster Seele und mit ergreifenden Worten von der großen Liebe Christi. Harriet hing förmlich an seinen Lippen, so sehr sehnte sie sich danach, von diesen Worten ergriffen zu werden.

„Wir haben einen Heiland, der sich um uns sorgt, der unser Freund sein will. Er hat Geduld mit unseren Verfehlungen, er versteht unsere Schwächen und weint mit uns, wenn wir weinen." Auf einmal war es, als spräche der Prediger nur zu ihr, die Stimme ein wenig gesenkt, der Blick voller Zärtlichkeit. „Jesus ist immer bei uns, er führt und leitet uns, er tröstet und lehrt uns und scheut auch vor unserer Undankbarkeit nicht zurück, damit wir eines Tages makellos rein und voller Freude vor dem Thron seiner Herrlichkeit stehen mögen."

Harriet saß reglos da, während das Herz in ihrer Brust raste. Einen solchen Freund hatte sie sich schon immer gewünscht! Als ihr Vater die Gemeinde aufforderte: „Kommt und vertraut eure Seele diesem treuen Freund an", hätte sie am liebsten „Ja, ich will!" gerufen. Doch dann wurde Harriet wieder bewusst, dass sie erst ihre Sündhaftigkeit erkennen musste, um von Jesus angenommen zu werden. Tränen trübten ihren Blick. Woher sollte diese Erkenntnis kommen?

Plötzlich kam ihr ein Gedanke. Wenn Jesus sie von den Sünden erlösen konnte, dann konnte er ihr doch sicherlich auch die nötige Sündenerkenntnis schenken. Ja, sie würde ihm einfach ganz und gar vertrauen. Bei diesem Gedanken wurde sie von einem tiefen Frieden erfüllt, wie sie ihn noch nie zuvor erlebt hatte. Den Rest der Predigt nahm sie kaum noch wahr, und die Lieder und Gebete umspülten sie wie ein Fluss, aus dessen Mitte der Fels der Erlösung herausragte. *Jesus, ich gehöre dir.*

Als Harriet nach dem Gottesdienst nach Hause ging, war es ihr, als wäre die Natur um sie herum vor Ehrfurcht verstummt, um die himmlischen Heerscharen singen zu hören. Harriet konnte noch gar nicht recht fassen, dass sie von nun an zu den Auserwählten gehören durfte, aber ihr Herz schwang sich in die Sommerluft und jubelte.

„Papa! Papa!" Kaum war ihr Vater zur Haustür hereingekommen, lief sie ihm entgegen. „Ich habe Jesus mein Leben übergeben! Freust du dich?"

Er legte einen Finger unter ihr Kinn und sah sie ernst an. „Ist das wahr?"

Harriet nickte stumm. Warum freute er sich nicht? War es nicht das, was er sich immer gewünscht hatte? Doch dann lächelte er, und sein Blick war ganz zärtlich, als er sie in die Arme schloss. Lange rührte er sich nicht, und als er sie schließlich auf Armlänge von sich hielt, schien es Harriet, als hätte er feuchte Augen. „Dann ist heute im Himmel eine neue Blume erblüht."

Neue Aufgaben

*E*s war ein kalter, aber wolkenloser Tag, als das neue Schulgebäude in Hartford eingeweiht wurde. Der Bürgermeister hatte feierlich das Band durchschnitten, und jetzt drängten sich Schülerinnen und Eltern, Lehrkräfte und viele neugierige Einwohner der Stadt in den Räumen des hohen Baus. Überall waren freudige Gesichter zu sehen und die Gäste unterhielten sich angeregt bei Tee und Gebäck in der Schulaula. Es war, als wollte die Sonne mit den Mienen der Feiernden um die Wette strahlen.

Harriet hatte in den vergangenen Monaten mit angesehen, wie das imposante Gebäude mit seinen schlanken Säulen und dem klassizistischen Giebel Gestalt angenommen hatte. An einem Ende, gleich im Anschluss an den Seiteneingang, befand sich die Garderobe, wo die Schülerinnen ihre Mäntel aufhängen würden. Von dort aus kam man in einen langen Flur, der sich über die gesamte Länge des Gebäudes erstreckte und von dem auf beiden Seiten drei Klassenzimmer abgingen. Und am anderen Ende des Ganges befand sich die Aula, in der sich jetzt die Besucher drängten. Wenn sie an die ersten Räume ihrer Schule über der Sattlerei zurückdachte, konnte sie nur staunen, welchen Erfolg sie in nur vier Jahren verzeichnen konnten. Mehr als hundert Mädchen würden von jetzt an in diesen Räumen lernen und lachen, denken und debattieren. Und sie selbst würde helfen, sie zu unterrichten!

Sie begrüßte die Mutter einer Mitschülerin, die in diesem Augenblick die Schule betrat, und wandte sich dann um, als sie ihren Namen rufen hörte. Catharine kam auf sie zu geeilt.

„Kannst du bitte den Eltern der neuen Schülerinnen die Räume zeigen und ihnen alles erklären? Ich muss den Mädchen sagen, was sie mit dem Geschirr machen sollen." Sie wartete kaum Harriets Nicken ab, bevor sie in der Aula verschwand.

Es dauerte nicht lange, bis sich eine erste Gruppe Interessierter fand, denen Harriet die Abläufe im neuen Schuljahr erläutern konnte. Durch die neu eingestellten Lehrkräfte würden die Mädchen in kleineren Gruppen unterrichtet werden, und Harriet selbst und andere fortgeschrittene Schülerinnen wie ihre Freundin Georgiana sollten die Aufgaben überwachen und mit Rat und Tat zur Seite stehen, wenn Fragen auftauchten.

Harriet war stolz und auch ein wenig ängstlich gewesen, als ihre Schwester Catharine sie gebeten hatte, mit den jüngeren Schülerinnen Latein zu lernen und Mathematik zu üben. Das waren nicht gerade ihre Lieblingsfächer, aber sie würde sich Mühe geben und ihre Sache so gut machen, wie sie konnte. Natürlich durfte sie darüber ihre eigenen Studien nicht vernachlässigen, und in diesem Winter standen für sie zusätzlich Französisch und Italienisch auf dem Lehrplan. Aber sie hoffte, dass die Aufgabe als Hilfslehrkraft ihr guttun würde und sie all die Arbeit bewältigen konnte.

Das letzte Jahr war für Harriet nicht immer einfach gewesen. Sie hatte oft eine unerklärliche Leere gespürt, eine Niedergeschlagenheit, die ihr die Kraft und Freude raubte. Dabei konnte sie sich diese Gefühle gar nicht erklären, denn nachdem sie sich endlich zu Jesus bekehrt hatte, war sie doch so glücklich und voller Tatendrang gewesen. Sie hatte sich bemüht, ein gottesfürchtiges Leben zu führen und immer ihr Bestes zu geben. Und jetzt war sie enttäuscht, dass die überschwängliche Freude nicht geblieben war, dass sie immer noch nicht klar sehen konnte, wohin ihr Leben sie führte.

Harriet holte tief Luft und straffte die Schultern. Vielleicht war dies ja ihre Lebensaufgabe: die Schule. Sie würde auch in dieser Sache ihr Bestes geben, damit ihre Schwester, ihre Eltern und ihr himmlischer Vater stolz auf sie sein konnten.

„Der Schultag beginnt mit einer morgendlichen Andacht und einem anschließenden Spaziergang", erklärte sie jetzt den Eltern. „Wir halten eine ausreichende körperliche Ertüchtigung der Schülerinnen für sehr wichtig, denn der Geist kann nur dann frisch sein und Wissen aufnehmen, wenn die jungen Menschen genug schlafen, gut essen und sich bewegen, wenn der Körper also ebenso zu seinem Recht kommt."

Eine der Damen räusperte sich und fragte schüchtern: „Wird meine Sara denn hier auch sticken und Klavier spielen lernen?" Der Mann an ihrer Seite blickte feindselig drein. Harriet wunderte sich darüber, dass er seine Tochter überhaupt in eine weiterführende Schule schickte.

Sie nickte. „Unsere Schülerinnen sollen möglichst vielseitig ausgebildet werden, und dazu gehören auch solche Fertigkeiten. Allerdings", fügte sie mit einem Seitenblick auf den grimmigen Vater hinzu, „wird der Unterrichtsschwerpunkt eher auf den geistigen Fächern wie Religion, Rhetorik, Mathematik und Latein liegen. Wenn die Mädchen dieses Seminar verlassen, werden sie in der Lage sein, selbst andere zu unterrichten und ebenso gehaltvolle Aufsätze zu schreiben wie ihre Brüder."

Angesichts dieser selbstbewussten Äußerung wirkte die schüchterne Frau noch unsicherer, aber sie erwiderte nichts. Harriet tat sie leid. Das Leben an der Seite eines solchen Mannes war sicherlich kein Zuckerschlecken, und die arme Frau hatte vermutlich selbst nur eine sehr einfache Schulbildung genossen. Wieder einmal war Harriet froh darüber, dass die Zeiten sich geändert hatten und dass sie selbst dazu beitragen konnte, den Mädchen in ihrer Schule den Weg in eine andere Zukunft zu eröffnen.

Nach dem Rundgang durch das neue Schulgebäude verabschiedete Harriet sich höflich von den Eltern und ging in den Umkleideraum, um ihre Schürze zu holen. Es war beinahe Abend und in der Aula war es ruhiger geworden. Jetzt mussten sie noch aufräumen, damit der Unterricht am nächsten Morgen beginnen konnte. Sie krempelte die Ärmel ihres Kleides auf und machte sich an die Arbeit.

Ein kleiner Aufschrei ließ Harriet von ihrem Lehrertisch aufblicken. Es war die erste Schulstunde an diesem Tag, und sie hatte gerade begonnen, die Aufsätze der Schülerinnen zu korrigieren, während die Mädchen selbstständig ihre Mathematikaufgaben machten.

„Miss Harriet!" Ein Mädchen, das höchstens zwei Jahre jünger war als sie, aber unsicher und wenig selbstbewusst wirkte, reckte die Hand in die Höhe und blickte dabei immer wieder nervös zum Tisch ihrer Nachbarin hinüber. „Rosie hat eine Heuschrecke in ihrem Pult!"

Harriet zog die Augenbrauen hoch. „So? Und hat die Heuschrecke versucht, aus Rosies Pult heraus und in deins zu springen, Samantha?"

Das Mädchen schüttelte stumm den Kopf.

„Gut. Dann kannst du ja jetzt weiterarbeiten." Dann erhob Harriet sich und ging zu der Schülerin, die der Insektenhaltung beschuldigt worden war und sie jetzt mit großen Augen ansah.

„Ich wollte Sammy nicht erschrecken, Miss, ehrlich. Aber ich wollte Ihnen doch meine Heuschrecke zeigen. Sie ist besonders schön gemustert und ich habe sie ganz alleine gefangen, als sie bei uns hinterm Haus im Gras saß." Das Mädchen hatte vor Stolz ganz rote Wangen.

Harriet musste lächeln. Wie begeistert Rosie von ihrem Fang erzählte! Ihre Augen leuchteten, und Harriet brachte es nicht übers Herz, sie zu tadeln. Schließlich liebte sie selbst auch jedes Geschöpf Gottes – Hunde, Katzen, Kaninchen, Vögel und sogar Würmer und Ameisen. Sie dachte oft an die Jahre zurück, in denen sie mit Henry durch den Wald gestreift war und riesige Termitenhügel oder kunstvolle Spinnennetze bewundert hatte.

„Du weißt doch sicherlich, dass es nicht erlaubt ist, Tiere mit in die Schule zu bringen, oder?"

Rosie senkte betreten den Blick und nickte.

„Aber da deine kleine Freundin nun schon einmal da ist, soll sie uns auch beim Unterricht helfen." Harriet überlegte. Dann hatte sie eine Idee. „Hör zu: Ich möchte, dass du eine Geschichte über deine Heuschrecke schreibst."

Die anderen Mädchen hatten inzwischen eine nach der anderen ihre Federhalter niedergelegt und verfolgten das Gespräch der beiden.

„Ich schreibe auch eine Heuschreckengeschichte. Dann können wir heute Nachmittag unsere Geschichten vorlesen, sodass deine Mitschülerinnen auch etwas davon haben."

Rosie nickte und machte sich gleich an die Arbeit. Harriet begab sich zu ihrem Tisch zurück und griff ebenfalls zu Papier und Feder. Sie überlegte einen Augenblick und fing dann an zu schreiben.

Am Nachmittag, als das Thema Aufsätze auf dem Stundenplan stand, trug Rosie ihre kleine Geschichte vor, in der sie davon erzählte, wie die Heuschrecke aussah, wo sie lebte und was sie fraß. Es war ein hübscher, wenn auch vielleicht noch unausgereifter Versuch einer Naturbeschreibung, und Harriet lobte den Aufsatz gebührend.

Dann nahm sie ihre eigene Geschichte und begann zu lesen. Die Geschichte handelte von einem Fest, das die kleine Miss Heuschreck geben wollte und für das sie ihren Onkel, Colonel Heuschreck, zurate zog, weil sie nicht wusste, wen sie einladen sollte. Sie wollte nur die gesellschaftlich angesehensten Persönlichkeiten einladen, zum Beispiel Herrn und Frau Glühwürmchen, die Schmetterlings und Ehepaar Motte, obwohl die ein wenig langweilig waren, weil sie Pelze fraßen und immer Sodbrennen hatten. Miss Heuschreck hatte kurz überlegt, ob sie auch die Grillen einladen sollte, sich aber dann dagegen entschieden.

Die Mädchen hingen gebannt an Harriets Lippen, so wie sie selbst und ihre Geschwister früher Onkel Samuel zugehört hatten, wenn er von seinen Abenteuern erzählte. Und sie freute sich, dass ihre Zuhörerinnen ebenso bereitwillig in die märchenhafte Welt ihrer Erzählung eintauchten wie sie selbst.

„,Ich dachte, Herr und Frau Grille wären freundliche, anständige Leute', sagte Colonel Heuschreck.

,Oh ja, sehr ordentliche Leute. Aber sicher erkennst du doch das Problem.'

,Meine liebe Nichte, ich fürchte, das musst du erklären.'

,Ihre Farbe natürlich. Verstehst du denn nicht?'

,Oh, das ist das Problem? Entschuldige, aber ich habe in Frankreich gelebt, wo solche Unterschiede ganz und gar unbekannt sind, und ich habe mich noch nicht an die derzeitigen Vorstellungen hier gewöhnt.'

,Dann will ich sie dir beibringen. Du weißt doch, dass wir Republikaner keine Unterschiede machen außer denen, die die Natur selbst macht, und die Farbe ist ein Zeichen dafür, wer höher steht, weil sie ganz eindeutig etwas ist, was niemand außer unserem Schöpfer in der Hand hat. Verstehst du es jetzt?'

,Ja, aber wer entscheidet denn, welche Farbe im Rang ganz oben steht?'

,Ich muss mich über deine Frage wirklich wundern. Die einzig wahre Farbe – die einzige *richtige* – ist unsere Farbe, das ist doch klar. Ein hübsches Erbsengrün ist genau der Farbton, der die Aristokratie ausmacht … Die Gesellschaft würde furchtbar durcheinandergeraten, wenn es nicht glücklicherweise so geregelt wäre, dass die Grillen schwarz wie die Nacht sind. Denn jede elegante Gesellschaft braucht doch eine Klasse, auf die sie herabsehen kann, und wenn die Grillen nicht schwarz wären, könnten wir nicht dafür sorgen, dass sie unter uns stehen, weil sie, wie jeder weiß, oft schlauer sind als wir.'"

Harriet blickte in die Runde und sah die ernsten Mienen der Mädchen, die sie mit großen Augen ansahen. Ob sie sich dessen bewusst waren, dass sie einer privilegierten Schicht angehörten? Würden sie, wenn sie später einmal über die Erziehung ihrer Kinder entscheiden und etwas für die Gesellschaft beitragen konnten, ihre Stellung dazu nutzen, für Gerechtigkeit und Freiheit aller Menschen zu kämpfen? Oder würden

sie und ihre Familien andere gering schätzen oder gar unterdrücken?

Sie hatte gerade ihre Geschichte zu Ende vorgelesen, als die
Uhr auf dem Gang fünf Uhr schlug. Zeit, die Schulbücher zu-
sammenzupacken und die Mädchen nach Hause zu schicken.
Kurz darauf war Harriet allein in ihrem Klassenzimmer, und
nach einem kurzen Rundgang und einigen ordnenden Hand-
griffen zog auch sie ihren Mantel an und ging nachdenklich
nach Hause.

Harriet kniff die Augen zusammen. Dann seufzte sie und legte
den Pinsel zur Seite. Sie hatte sich so auf ihre Arbeit konzen-
triert, dass sie gar nicht bemerkt hatte, wie die Dämmerung hereingebrochen war. Jetzt war es in dem kleinen Wohnzimmer
von Mrs Strong so dunkel, dass sie nicht weiter an den feinen
Blütenranken arbeiten konnte, die sie an diesem Nachmittag zu
malen begonnen hatte. Wenn der Sommer doch schon da wäre
mit seinen langen Tagen und dem hellen Sonnenlicht!

Als Catharine vorgeschlagen hatte, sie solle ihre Schülerinnen
im Zeichnen und Malen unterrichten, war sie zunächst skeptisch gewesen. Sie hatte immer gezögert, sich dieser Kunst zu
widmen, weil die Farben und die filigranen Motive sie schmerzlich an ihre Mutter erinnerten. Außerdem hatte sie Angst da-
vor, dass sie das Talent ihrer Mutter nicht geerbt haben könnte
und vielleicht ihrem großen Vorbild nicht gerecht wurde. Aber
nachdem ihre Schwester sie überredet hatte, war ihr bewusst
geworden, wie befriedigend und beglückend es war, auf Papier
oder Porzellan Bilder zu zaubern. Bilder, auf denen sie die Tiere
und Pflanzen, die sie so liebte, mit Pinsel und Farbe zum Leben
erwecken konnte. Und an die Stelle der ängstlichen Erinnerung
an Roxana Beecher war eine innere Verbundenheit mit ihrer
Mutter getreten, die sie tief im Herzen berührte.

45

Sie war gerade dabei, ihre Malutensilien zusammenzuräumen, als die Tür aufflog und Georgiana mit roten Wangen hereinstürzte. Ihre Freundin wohnte wie Harriet, Catharine und einige andere Lehrkräfte und Schülerinnen ebenfalls in Mrs Strongs Pension. Jetzt kam sie näher, nahm Harriets Hand und zog sie hinter sich her auf den Flur hinaus und in die große Küche, in der sie alle gemeinsam ihre Mahlzeiten einnahmen.

„Komm, Harriet, du hast genug gearbeitet. Mrs Strong ist in den Keller gegangen. Lass uns in der Speisekammer nachsehen, ob noch Kuchen da ist."

Harriet wollte protestieren, aber Georgiana hatte schon die Tür zum Vorratsraum geöffnet und Harriet hörte, wie sie Gläser und Töpfe hin und her schob.

„Na, wer sagt's denn, hier ist was." Triumphierend hielt ihre Freundin einen halben Apfelkuchen hoch, der nach Zimt und Butter duftete. „Hol du das Werkzeug, dann nehmen wir alles mit in unser Zimmer."

„Du kannst doch nicht einfach ..." Doch Georgiana war schon mit dem Kuchen zur Tür hinaus verschwunden und die halbe Treppe zum Obergeschoss hinaufgelaufen, bevor Harriet den Satz beenden konnte. Sie schüttelte den Kopf, aber dann grinste sie und nahm zwei Löffel aus der Schublade, bevor sie ihrer Freundin nach oben folgte, wo sich ihre Schlafkammern befanden.

Die beiden Freundinnen teilten sich ein Zimmer in Mrs Strongs Haus, und Harriet war froh, eine enge Vertraute zu haben, mit der sie die Freuden des Alltags teilen, aber auch über ihre manchmal düsteren und zweifelnden Gedanken sprechen konnte.

In den vergangenen Sommerferien waren sie zu zweit zu Harriets Großmutter gefahren und hatten dort ein paar unbeschwerte und anregende Wochen verbracht. Wann immer Harriet in Nutplains bei der Familie ihrer Mutter war, schien der Schatten, der sich so oft über sie legte, wie von Zauberhand weggewischt. Sie seufzte.

„Weißt du, Georgie, wenn du nicht wärst, würde ich bestimmt irgendwann eine verbitterte alte Jungfer, die ihre Schülerinnen schikaniert und kein gutes Haar an den Menschen lässt."

Georgiana lachte. „Du eine verbitterte alte Jungfer? Mach dich nicht lächerlich, Harriet. Du bist so klug und stark und liebst schöne Dinge – du musst nur ein bisschen mehr unter Leute kommen." Sie zwinkerte ihrer Freundin zu. „Und warte nur ab, irgendwann wirst du den Mann deiner Träume kennenlernen, mit dem du nach Herzenslust über Theologie und Philosophie und Politik reden kannst. Dann brauchst du mich dummes Ding gar nicht mehr."

Harriet lächelte, ging aber nicht auf den neckenden Tonfall ein. Sie wünschte, sie wäre wirklich so stark und selbstbewusst, wie Georgiana glaubte. „Selbst wenn es irgendwo einen Mann geben sollte, der sich für mich interessiert, wirst du immer meine beste Freundin bleiben, die mich aufmuntert und mir zuhört, wenn ich mal wieder an allem und jedem zweifele. Von wegen dummes Ding! Du bist ein Schatz!"

Die beiden Freundinnen blickten einander an und umarmten sich dann ganz fest. Harriet wischte sich verstohlen ein paar Tränen aus den Augen, und dann widmeten sie sich wieder Mrs Strongs köstlichem Apfelkuchen.

Am nächsten Morgen stand Harriet noch vor Sonnenaufgang auf. Sie zog ihr wärmstes Wollkleid an, schlug das große Umhängetuch um die Schultern und ging wie jeden Tag zum Stall hinaus, wo ihre Schwester Catharine schon auf sie wartete. Im letzten Jahr hatten sie es sich zur Gewohnheit gemacht, morgens gemeinsam auszureiten. Es war eine Gelegenheit, über Dinge zu sprechen, die tagsüber in der Schule anstanden, aber auch, um den Wind in den Haaren zu spüren und die Seele ihrem Schöpfer zu öffnen. Harriet liebte diese stille Stunde, wenn die Sonne aufging und die Welt in ein sanftes violettes Licht tauchte. Sie liebte den Gesang der Vögel, die den Morgen mit ihrem

Lied begrüßten, und den Duft der Pinien, die selbst an einem winterlichen Tag wie diesem ihr sattes Grün zur Schau stellten.

Der Stallbursche hatte die Pferde bereits gesattelt und jetzt half er den Schwestern beim Aufsitzen. Sie ließen die Tiere Schritt gehen, bis sie die Stadt hinter sich gelassen hatten, dann fielen sie in einen leichten Trab.

Nachdem sie eine Zeit lang schweigend nebeneinanderher geritten waren, fragte Harriet: „Ich habe einen Brief an George geschrieben – willst du ihn lesen? Dann kann ich ihn morgen auf die Post bringen." George war einer von Harriets älteren Brüdern.

Catharine nickte. „Ja, gerne. Weißt du, manchmal vermisse ich unsere Familie sehr. Seit Vater in Boston arbeitet und die anderen in alle Himmelsrichtungen verstreut sind, ist es nicht mehr so wie früher."

„Stimmt, als ich letztes Jahr dort war, kam es mir richtig seltsam vor – irgendwie gar nicht mehr wie meine Familie." Harriet blickte ihre Schwester an. „Meinst du, Vater wird in seinem Kampf gegen die Irrlehren dort Erfolg haben? Der Arme, er hat es wirklich nicht leicht. Es war doch immer sein sehnlichster Wunsch, die Menschen zum wahren dreieinigen Gott zu bekehren und eine große Erweckung zu erleben."

Catharine erwiderte nichts, doch nach einer Weile fragte sie: „Und wie ist es mit dir, Hattie? Was ist dein sehnlichster Wunsch? Was willst du mit deinem Leben anfangen?"

Harriet zuckte mit den Schultern. „Ich bin mir nicht sicher. Einerseits macht mir der Unterricht mit den jüngeren Mädchen Spaß, aber irgendwie habe ich trotzdem das Gefühl, dass noch eine andere Aufgabe auf mich wartet." Sie seufzte. „Du hast es gut. Für dich ist die Schule dein Lebenswerk."

Catharine nickte. „Ich liebe meine Arbeit und die Selbstständigkeit, die ich dabei habe. Auch wenn ich mir mein Leben vor ein paar Jahren noch anders vorgestellt habe", fügte sie leise hinzu.

Harriet sah ihre Schwester an. Catharine hatte Tränen in den Augen, kämpfte aber tapfer dagegen an. Harriet biss sich auf die Unterlippe. „Es tut mir leid, Cathy, das war gedankenlos von mir. Ich weiß doch, dass du heiraten wolltest." Wie konnte sie nur so gefühllos sein! Dass der Verlobte ihrer Schwester bei einem tragischen Unglück auf dem Meer umgekommen war, hatte Catharines Lebensplanung von einem Tag auf den anderen grundlegend verändert.

„Mach dir keine Gedanken, Schwesterlein. Ich weiß, dass du es nicht so gemeint hast." Jetzt lächelte Catharine wieder. „Und du hast ja recht: Ich weiß, wozu Gott mich berufen hat, und dafür danke ich ihm jeden Tag."

Harriet sah sie erleichtert an. Catharine war ihr nicht böse. Doch dann kamen die dunklen Gedanken wieder. Ach, wenn sie doch nur auch eine so klare Antwort von Gott erkennen könnte! Wann immer ihre Schwester von ihrem Glauben sprach, schien es Harriet, als sähe Catharine in Gott ihren besten Freund, dem sie alles erzählen und den sie ganz direkt um Rat bitten konnte. Er schien ihr genau zu zeigen, was sie tun sollte und was ihre Aufgabe war. Harriet wünschte, sie könnte das auch sagen. Sie liebte Gott – oder vielmehr Jesus – und fühlte sich von ihm getröstet, aber zugleich schien er so weit entfernt, dass sie das Gefühl hatte, sich ihm gar nicht recht nähern zu können. Sie würde sich einfach mehr bemühen müssen, seinen Willen zu erbitten. Vielleicht fand ihre Seele dann endlich Frieden.

Eine Windböe zerrte an ihrem Umschlagtuch, als wollte sie Harriet aus ihren zweifelnden Gedanken reißen. Sie atmete tief durch. Es hatte keinen Sinn, diese friedliche, kühle Morgenstunde mit Grübeln zu verderben. Harriet wandte sich ihrer Schwester zu. „Komm, wir reiten das letzte Stück um die Wette – dann bekommen die Pferde auch ein bisschen Auslauf."

Catharine tat ihr den Gefallen, fiel aber schon nach wenigen Minuten zurück. Es war für Harriet ein Leichtes, ihre kleine Wette zu gewinnen, aber sie trieb ihr Pferd weiter an. Es war, als wollte sie den Zweifeln und Sorgen, die sie immer wieder überfielen, davonlaufen.

Atemlos erreichte sie den Stall und schwang sich vom Pferd. Sie tätschelte seinen Hals und redete ihm gut zu, bevor der Stallbursche ihr das Tier abnahm. Von Catharine war noch nichts zu sehen und Harriet beschloss, ins Haus zu gehen und Mrs Strong in der Küche zu helfen. Ein langer Schultag lag vor ihnen und ein stärkendes Frühstück würde ihr guttun. Als sie das Haus betrat, zog ihr schon der Duft von Kaffee und warmem Brot entgegen. Harriet lächelte. Auch wenn sie im Moment nicht sah, wohin ihr Leben sie führen würde, gab es doch so viel, wofür sie dankbar sein konnte.

Mit einem Stapel Bücher auf dem Arm machte Harriet sich auf den Weg zum Lehrerzimmer. Sie umfasste den Türknauf, drehte daran und stutzte. Die Tür war verschlossen. Harriet runzelte die Stirn. Mitten am Tag war dieser Raum in der Regel nicht abgeschlossen, damit die Lehrkräfte ungehinderten Zugang zu den Unterrichtsmaterialien hatten. Catharine musste beim Hinausgehen in Gedanken gewesen sein. Während Harriet in ihrer Rocktasche nach dem Schlüssel kramte, hörte sie plötzlich ein Geräusch auf der anderen Seite der Tür. Jemand war dort drin eingeschlossen! Hastig steckte sie den Schlüssel ins Schloss und drehte ihn um. Dann lehnte sie sich mit der Schulter gegen die Tür, doch die Tür gab nicht nach. Der Riegel musste vorgeschoben sein. Allmählich bekam Harriet es mit der Angst zu tun. Wer immer sich in dem Zimmer eingeschlossen hatte, wollte offenbar nicht gestört werden.

„Hallo? Ist jemand dort drin? Ist alles in Ordnung?"

Sie rüttelte am Türknauf und lauschte. Jetzt glaubte sie ein Schluchzen zu hören. Wieder rief sie: „Hallo? Ist alles in Ordnung? Bist du das, Cathy?" Wenn sie recht überlegte, hatte sie ihre Schwester seit dem Mittagessen nicht mehr gesehen, und jetzt war sie wirklich in Sorge. „Wenn du da drin bist, mach bitte auf!"

Sie musste ihre Bitte noch ein paar Mal wiederholen, bevor sie auf der anderen Seite ein Geräusch vernahm, das wie das Schieben eines Möbelstücks klang. Dann hörte sie ein Schlurfen und nach einer Weile, die Harriet unendlich lang erschien, öffnete sich die Tür.

„Cathy!" Entsetzt blickte Harriet ihre Schwester an, die tränenüberströmt und am ganzen Körper zitternd vor ihr stand, dann zog sie sie ohne ein weiteres Wort in ihre Arme. Wie oft hatte die elf Jahre ältere Catharine sie so in den Arm genommen und getröstet, und jetzt war sie selbst es, die Trost spenden musste. Harriet hatte keine Ahnung, was vorgefallen war, aber sie schloss die Tür hinter sich und führte Catharine zu dem kleinen Sofa, das in einer Ecke des Lehrerzimmers stand. „Ist ja gut, Cathy, schhh, beruhige dich doch. Ich bin ja bei dir."

Es dauerte eine Weile, bis ihre Schwester aufhörte zu zittern. Doch allmählich verebbte das Schluchzen, während Harriet sie fest an sich gedrückt hielt und im Stillen Gott um Hilfe anflehte. So hatte sie Catharine noch nie gesehen, außer damals, als sie die Nachricht vom Tod ihres Verlobten erhalten hatte. Harriet hatte nicht die leiseste Ahnung, was geschehen war.

Sie reichte ihrer Schwester ein Taschentuch und strich ihr tröstend über die bleiche Wange. „Willst du mir nicht erzählen, was los ist?", fragte sie behutsam, nachdem Catharine sich ein wenig beruhigt hatte. Doch die starrte nur wortlos vor sich hin und schüttelte den Kopf.

So sehr Harriet es auch versuchte, sie konnte sie nicht zum Reden bewegen. Ratlos sah sie sich im Zimmer um. Dann kam ihr ein Gedanke. Ein Arzt! Sie würde Dr. Wilson kommen lassen. Sie stand auf und ging vor Catharine in die Hocke. „Hör zu, du wartest hier und rührst dich nicht von der Stelle. Ich bin gleich wieder da, in Ordnung?" Es kam ihr vor, als spräche sie mit einem Kind, anstatt mit einer erwachsenen Frau, aber ihre Schwester widersprach nicht.

Harriet ging zur Tür und schlüpfte schnell auf den Gang hinaus. Dann eilte sie zum nächsten Klassenzimmer und bat ihre Kollegin, einen Boten zu Dr. Wilson zu schicken. Anschließend lief sie zum Lehrerzimmer zurück, in dem Catharine unverändert teilnahmslos und bleich auf dem Sofa saß. Immer wieder ging sie zum Fenster und blickte hinaus, als könne sie dadurch die Kutsche des Arztes schneller herbeiholen. Abwechselnd warf sie ihrer Schwester ängstliche Blicke zu und flehte zu Gott, er möge sie alle bewahren.

Schließlich kam der Arzt, und nachdem er Catharine gründlich untersucht hatte, schloss er seine Tasche und bat Harriet auf den Flur hinaus.

„Hat Miss Beecher in letzter Zeit über zu viel Arbeit oder irgendwelche Sorgen geklagt?", fragte er Harriet.

Harriet schüttelte den Kopf. „Nein, sie klagt nie, obwohl sie mehr arbeitet als alle anderen. Sie ist für diese Schule verantwortlich und kümmert sich auch privat um die Schülerinnen in unserer Pension. Was glauben Sie denn, was ihr fehlt, Herr Doktor?"

Der Arzt blickte nachdenklich drein. „Ich glaube nicht, dass sie ernstlich krank ist. Allerdings ist sie völlig erschöpft und braucht dringend Schonung. Unter keinen Umständen darf sie so weitermachen wie bisher."

Harriet nickte. Warum hatte sie den Zustand ihrer Schwester nicht bemerkt? Sie war viel zu sehr mit ihren eigenen Sorgen beschäftigt gewesen und machte sich deswegen Vorwürfe. Aber das würde sich jetzt ändern. Von nun an würde sie mehr Verantwortung übernehmen und Catharine entlasten. Ihre starke, kluge Schwester hatte einen Nervenzusammenbruch erlitten.

Nachdem sie Catharine nach Hause gebracht und in Mrs Strongs Obhut zurückgelassen hatte, war der Unterricht zu Ende und die Mädchen waren heimgegangen. Harriet rief ihre

Kolleginnen zusammen, um die Situation zu erklären. Die anderen sahen sie erwartungsvoll an. Wie es schien, musste sie jetzt die Führung übernehmen. Harriet holte tief Luft. Ja, sie würde sich dieser neuen Herausforderung stellen und die Schule retten, wenn es in ihrer Macht stand. Das war sie Catharine schuldig. Immerhin war sie achtzehn Jahre alt.

„Meine Damen, es muss sich etwas ändern …"

Im Schein der Kerze saß Harriet in ihrem Zimmer und ließ die Feder über das Blatt Papier vor ihr gleiten, während sie den allabendlichen Brief an ihre Schwester verfasste.

Hartford, 12. Dezember 1829

Liebe Cathy,

ich hoffe, du hattest heute einen guten Tag und es geht dir besser als gestern. Du musst darauf achten, dass du dich genügend ausruhst – lass dir Zeit mit dem Gesundwerden und bleibe so lange bei Papa und Mama, bis du wieder richtig zu Kräften gekommen bist.

Um unsere kleine Schule hier brauchst du dich jedenfalls nicht zu sorgen. Dein Plan, eine „Republik" daraus zu machen, geht wunderbar auf. Jede Kollegin übernimmt ihren Teil der Verantwortung und die Mädchen sind voller Ideen. Wir alle genießen die Herausforderung. Gestern habe ich eine beinahe halbstündige Rede vor der ganzen Schule gehalten, ohne ein einziges Mal ins Stocken zu geraten. Bin ich nicht eine würdige Vertreterin für dich?

Harriet ließ die Feder sinken und blickte durch die mit Eiskristallen verzierte Fensterscheibe in die Abenddämmerung hinaus. Es stimmte, dass die anderen Lehrkräfte sich oft auf sie verließen, wenn es galt, Entscheidungen zu treffen, und sie spürte, wie sie an ihrer neuen Aufgabe wuchs, auch wenn es nicht immer ganz einfach war, allen gerecht zu werden. Und dass die Schülerinnen eigene Ideen zu den Abläufen in der Schule beitragen konnten, brachte nicht nur frischen Wind, sondern auch eine gute Erfahrung für die Mädchen mit sich.

Natürlich gab es auch Gelegenheiten, bei denen die zur Mitbestimmung ermunterten Klassen etwas über die Stränge schlugen, und Catharine hatte Zweifel geäußert, ob diese Form der Schulleitung eine Zukunft hatte. Vielleicht nicht, aber Harriet war froh über die Chance, neue Wege zu beschreiten. Noch immer war sie auf der Suche, sehnte sich nach einer Aufgabe, der sie sich von ganzem Herzen widmen konnte und die sie mit innerem Frieden erfüllte.

Die Kerze flackerte und Harriet rieb sich die kalten Hände. Zeit, dass sie ins Bett ging, denn die Tage waren jetzt noch anstrengender als vorher, und sie brauchte ihren Schlaf. Das Feuer im Kamin war bis auf die letzte Glut heruntergebrannt. Sie setzte noch einen Gruß unter ihren Brief und trocknete die Tinte mit dem Löschblatt, bevor sie das Papier zusammenfaltete und versiegelte. Dann stand sie auf, streckte sich und trug die Kerze zu ihrem Nachttisch. Sie stellte sie ab und betrachtete ihre Bibel, die auf dem Tischchen lag. Schnell kleidete sie sich aus und kroch unter die Bettdecke, um sich zu wärmen. Dann nahm sie die Bibel zur Hand und schlug sie in der Mitte auf. Unwillkürlich fanden ihre Finger die richtige Seite.

Herr, du erforschest mich und kennest mich. Ich sitze oder stehe auf, so weißt du es; du verstehst meine Gedanken von ferne. Ich gehe oder liege, so bist du um mich und siehst alle meine Wege.

Die vertrauten Worte des Psalms durchdrangen ihren müden Leib und sickerten bis in ihr Innerstes hinein. Sie liebte diese Verse, hatte sie immer geliebt und Trost darin gefunden. Wenn sie das Gefühl hatte, ihr Leben fließe ziellos dahin, erinnerte sie sich daran, dass ihr himmlischer Vater wusste, was er tat. Auch wenn sie den Weg nicht sah, er kannte sie durch und durch und würde sie führen, wenn sie ihm nur blind vertraute.

Harriet seufzte. Blindes Vertrauen war nicht gerade ihre Stärke. Dafür war sie viel zu neugierig, zu ungeduldig. Vielleicht hatte sie deshalb oft das Gefühl, keine gute Christin zu sein. Sie fügte sich nicht widerspruchslos in ihr Schicksal, sondern drängte darauf weiterzukommen, mehr aus ihrem Leben zu machen. Sie wollte das Beste für ihren Herrn geben, aber irgendwie schien ihr Bestes nie gut genug, sodass sie oft ein schlechtes Gewissen hatte. Doch wenn sie selbst schon so unzufrieden mit sich war, wie sollte sie da vor Gottes Augen Gnade finden?

Ihr Blick wanderte zu der aufgeschlagenen Seite zurück. *Deine Augen sahen mich, als ich noch nicht bereitet war, und alle Tage waren in dein Buch geschrieben, die noch werden sollten und von denen keiner da war. Aber wie schwer sind für mich, Gott, deine Gedanken!* Sie musste darauf vertrauen, dass er mehr wusste als sie. Er hatte versprochen, für sie zu sorgen, und so schwer es ihr auch fiel, sie würde Geduld haben müssen.

Sie schlug ihre Bibel zu, legte sie auf den Nachttisch und blies die Kerze aus. Der allmächtige Gott würde über ihr wachen, wie er es vom ersten Tag an getan hatte. Und bevor Harriet die Augen schloss, flüsterte sie in die Dunkelheit hinein ihr Gebet: „Ich danke dir dafür, dass ich wunderbar gemacht bin; wunderbar sind deine Werke; das erkennt meine Seele."

Im Semikolon-Klub

ie Stube war zwei Tage vor Heiligabend bereits festlich geschmückt, und Harriet sog genüsslich den Duft der frisch geschnittenen Tannenzweige ein, die am Kaminsims befestigt waren. In der Küche roch es nach Zimt und Früchtepunsch, und Harriet musste unwillkürlich an das Haus ihrer Großmutter in Nutplains denken. Dort war Weihnachten immer ein großes Fest gewesen, ganz anders als im Haus von Lyman Beecher. Harriet war froh, dass sie das Christfest in diesem Jahr bei ihrem geliebten Onkel Samuel in Cincinnati verbringen würde, denn er verstand zu feiern. Sie lächelte, als sie sich daran erinnerte, wie sie als Kind an seinen Lippen gehangen hatte, wenn er von seinen Abenteuern erzählt hatte, und wie sie gemeinsam gelacht und getanzt hatten, wenn der Onkel zu Besuch gekommen war.

„Kommst du, Hattie?" Ihre Schwester streckte den Kopf zur Tür herein. „Wir wollen los zum Gottesdienst."

Harriet nickte. Ihr Vater würde ungehalten sein, wenn sie sich verspäteten. Im letzten Jahr hatte Lyman Beecher die Leitung des Predigerseminars hier in Cincinnati übernommen und war mit der ganzen Familie in den Westen gezogen. Auch wenn es Harriet und den anderen anfangs schwergefallen war, Neuengland zu verlassen, hatte die Familie sich hier inzwischen gut eingelebt. Cincinnati war eine aufregende und aufstrebende Stadt, deren Einwohnerzahl sich in den letzten zehn Jahren beinahe verdoppelt hatte. Viele nannten es das „London des Westens", und das kulturelle Leben pulsierte hier ebenso wie der wirtschaftliche Aufschwung.

Sie und Catharine wohnten jetzt schon seit mehr als einem Jahr hier. Harriets Schwester hatte sich gleich wieder in ein neues Schulprojekt gestürzt, aber Harriet selbst hatte gezögert. Nach den letzten, kräftezehrenden Monaten in Hartford hatte sie Zeit gebraucht, um sich über ihre Zukunft Gedanken zu machen.

Während Harriet neben ihrer Schwester in der Kirche saß und den Worten ihres Vaters lauschte, dachte sie darüber nach, dass schon bald ein neues Jahr beginnen würde. Was es wohl bringen würde? Sie spürte, dass etwas anderes, etwas Neues sie erwartete, auch wenn sie noch nicht wusste, was es war. Dieses Gefühl hatte sie schon einmal gehabt, als sie in der Aula ihrer Schule in Litchfield gesessen und ihrem eigenen Aufsatz aus dem Mund von Mr Brace gelauscht hatte. Damals hatte ihr Herz höher geschlagen, weil sie durch etwas, das sie geschrieben hatte, ihren Vater stolz gemacht hatte. Und im Frühjahr dieses Jahres hatte sie wieder ein erfolgreiches Werk verfasst. Ihre „Kleine Geografie für Kinder", die sie herausgebracht hatte, war überraschend gut verkauft worden, vier Auflagen gab es bereits. Auch wenn das Buch nicht unter ihrem eigenen Namen, sondern unter dem ihrer Schwester erschienen war und sie deshalb nicht als Autorin gewürdigt wurde, bekam sie doch das Honorar für die verkauften Bücher. Harriet war noch nie zuvor so reich gewesen. Mehr als hundert Dollar Honorar hatte sie allein in diesem Jahr verdient – eine Summe, für die Catharine ein halbes Jahr lang an ihrer Schule arbeiten musste.

Harriet hatte also allen Grund, stolz zu sein. Und ihre Angehörigen waren es sicherlich auch. Ob ihr himmlischer Vater stolz auf sie war? Sie wollte ihm mit dem, was sie tat, doch gefallen. Aber immer, wenn sie daran dachte, ob sie wohl ein gutes Gotteskind war, hatte sie dieses unbehagliche Gefühl in der Magengegend.

„Der Herr segne uns und behüte uns …", stimmte ihr Vater in diesem Augenblick die Worte des Schlusssegens an. Harriet biss sich auf die Unterlippe und blickte schuldbewusst auf. Sie war mit den Gedanken um sich selbst gekreist, anstatt sie auf ihren Herrn und Richter zu lenken.

Als sie später an diesem Abend in Onkel Samuels kleinem

Salon saß und einen Brief an ihre Freundin Georgiana schrieb, ließ sie ihren Zweifeln und Sorgen freien Lauf.

Cincinnati, 22. Dezember 1833

Liebe Georgie,

heute war wieder so ein Tag, an dem ich wünschte, du wärest hier. Mir gehen so viele Dinge durch den Kopf, und du weißt, dass ich deine Meinung sehr schätze. Außerdem wäre es wunderbar, wenn wir wieder zusammen wären, so wie früher in Hartford – ach, wie ich unsere nächtlichen Gespräche und deine Späße vermisse! Ohne dich ist es nicht halb so interessant hier in Cincinnati.

Aber ich habe beschlossen, mich trotzdem nicht einzuigeln. Statt mich bei gesellschaftlichen Anlässen in der Ecke zu verstecken und andere zu beobachten, gehe ich auf die Leute zu und lerne die unterschiedlichsten Menschen kennen. Mein Onkel Samuel ist mit der ganzen Welt bekannt, oder jedenfalls scheint es mir so. Er ist übrigens Mitglied in einem literarischen Klub, der meistens in seinem Haus zusammenkommt. Dort sind alle möglichen Schriftsteller versammelt, und jede Woche wird ein Werk vorgetragen und besprochen. Nach all den ernsten Debatten gibt es Sandwiches und Kaffee, und manchmal wird auch getanzt. Vielleicht wird ja der eine oder andere von den Semikolons – so nennt sich diese Runde – einmal so berühmt wie Scott oder Byron.

Und stell dir vor: Mein Onkel hat Cathy und mich auch dazu eingeladen! Und warum auch nicht? Seit ich mein Geografiebuch für Kinder veröffentlicht habe, darf ich mich wohl mit Fug und Recht als Autorin bezeichnen.

Neulich habe ich einen Brief geschrieben und so getan, als wäre er von einem Mann verfasst worden und zufällig in meine Hände gefallen. Ich habe das Papier mit Rauch gegilbt und ein wenig eingerissen, damit es richtig alt aussah. Und meine Handschrift habe ich natürlich auch verstellt, damit niemand sie erkennt. Du hättest sehen sollen, wie die gescheiten Herren über den vermeintlichen

Verfasser dieses Briefes debattiert haben! Ich habe wohl doch Talent zum Schreiben …

Wenige Wochen später saß Harriet an einem Montagabend mit den anderen Mitgliedern des Semikolon-Klubs in Onkel Samuels Salon. Ihre Wangen waren gerötet, während sie aufmerksam einem Mann zuhörte, der ihr gegenüber saß. Er war nur wenige Jahre älter als sie selbst, und auch er war so vertieft in ihr Gespräch, dass er den Kaffee auf dem Tisch neben ihm ganz vergessen hatte.

„Ihr ,Onkel Lot' ist eine wunderbare kleine Skizze, meine liebe Miss Beecher", beharrte er. „Sie brauchen Ihr Licht gar nicht unter den Scheffel zu stellen. Wie Sie darin Ihre Heimat Neuengland beschreiben, ist sehr originell und so natürlich und volksnah, dass unsere Leser – und Leserinnen – begeistert sein werden, da bin ich sicher."

Harriet sah ihn skeptisch an. „Ich weiß nicht, Mr Hall. Es sind doch nur ganz persönliche Geschichten, ohne großartige Bedeutung. Alltägliche Dinge eben, wie ich sie aus meiner Kindheit kenne. Sie meinen, dass jemand das lesen will?" Sie war hin und her gerissen. Einerseits fühlte sie sich geschmeichelt, und der Gedanke, ihre Geschichte in einer der wichtigsten amerikanischen Literaturzeitschriften abgedruckt zu sehen, ließ ihr Herz höher schlagen. Sie konnte es nicht beschreiben, aber irgendwie fühlte es sich „richtig" an, so als füge sich etwas in ihrem Innern zusammen. Gleichzeitig war ihr jedoch ein bisschen mulmig zumute, weil ihr Leben eine Wendung zu nehmen schien, die sie so nicht vorhergesehen hatte. Schulbücher für Kinder zu schreiben, war eine Sache. Aber Geschichten zu erzählen? Was hatte sie denn schon erlebt?

Doch ihr Gegenüber nickte eifrig. „Die Abonnenten des *Western Monthly Magazine* lieben Erzählungen, die aus dem echten Leben stammen. Sie können meiner Erfahrung als Herausgeber vertrauen. Die liebenswerten und manchmal ein bisschen schrulligen Charaktere, die Sie beschreiben, werden auf dem Papier so lebendig, als gehörten sie zur Familie. Bitte, lassen Sie mich die Geschichte abdrucken."

Die Figuren, die ihre Erzählung bevölkerten, beruhten tatsächlich auf echten Menschen, wie sie in Neuengland Teil von Harriets Leben gewesen waren. Doch ihre Eigenarten, die sie dem Bauern Onkel Lot auf den Leib geschrieben hatte, schienen ihr erst jetzt, wo sie im Westen lebte, ganz typisch für ihre Heimat zu sein.

„Also gut, Sie können ‚Onkel Lot' haben." Harriet lächelte und fügte hinzu: „Aber klagen Sie hinterher nicht, wenn ich recht behalte und die Leser Ihrer Zeitschrift sich grässlich langweilen."

Hall erwiderte ihr Lächeln, nahm Harriets Hand und hob sie an seine Lippen. „Verehrteste, Sie werden es nicht bereuen."

Harriet neigte ein wenig den Kopf und erhob sich dann, um ihre Kaffeetasse aufzufüllen. Sie hatte durch den Semikolon-Klub in den vergangenen Wochen viele interessante Leute kennengelernt – und der Verleger James Hall war einer von ihnen. Sie bewunderte diese Menschen, ihre literarischen Errungenschaften und ihre Bildung, und war begierig, von ihnen zu lernen. Doch es hatte nicht lange gedauert, bis ein erster kleiner Beitrag von Harriet selbst bei einem der Klubabende vorgelesen worden war. Ihr Herz hatte so laut gehämmert, dass sie dachte, die anderen könnten es hören, und ihre Hände waren schweißnass gewesen. Sie konnte noch immer nicht begreifen, dass jetzt eine ihrer Geschichten veröffentlicht werden sollte. Und sogar unter ihrem eigenen Namen! Bislang hatte sie sich gescheut, öffentlich in Erscheinung zu treten, wann immer sie etwas verfasst hatte. Irgendwie schien es Harriet vermessen, sich mit Lorbeeren zu schmücken, auch wenn sie verdient waren – warum, wusste sie selbst nicht so genau.

Sie trat an den Tisch, auf dem belegte Brote und Gebäck angerichtet waren, nahm einen der kleinen Teller daneben und legte ein Schinkensandwich darauf. Dann drehte sie sich um und prallte gegen einen Mann, der mit dem Rücken zu ihr am Büfett stand.

„Oh, entschuldigen Sie bitte", murmelte sie, als der Mann sich überrascht umwandte. „Ich war in Gedanken."

„Einen besseren Grund für einen Zusammenprall kann es wohl kaum geben", erwiderte der Mann.

Jetzt erkannte Harriet, dass es sich bei ihrem Gegenüber um einen der Lehrer am Theologischen Seminar ihres Vaters handelte. Calvin Stowe war ein paar Jahre älter als sie und eine stattliche Erscheinung. Mit seiner hohen Stirn und einem Blick, der andere vollkommen zu durchschauen schien, wurde er dem Bild eines Intellektuellen schon äußerlich gerecht. Die Tatsache, dass er als einer der begabtesten Wissenschaftler in der Stadt galt, ließ ihn noch unnahbarer erscheinen.

Harriet blickte zu ihm auf und errötete, als sie sein Lächeln sah. „Professor Stowe … es tut mir wirklich leid. Lassen Sie sich von mir nicht aufhalten."

Doch Stowe machte keine Anstalten, sich wieder dem Essen zuzuwenden. Stattdessen sagte er: „Meine liebe Miss Beecher, sprechen Sie nicht mehr davon. Immerhin erhalte ich so die Gelegenheit, mit einer aufstrebenden jungen Schriftstellerin zu plaudern." Er berührte ihren Ellenbogen und führte sie zu einem kleinen Sofa, auf dem eine zierliche Frau saß und zu ihnen aufblickte. „Sie kennen meine Frau Eliza?"

Harriet nickte. Mrs Eliza Stowe war eine warmherzige Frau, und Harriet hatte sich gleich zu ihr hingezogen gefühlt, als sie einander beim letzten Treffen der Semikolons begegnet waren. Jetzt lächelte Eliza Stowe.

„Harriet, meine Liebe, kommen Sie, setzen Sie sich. Ich bin gespannt zu hören, was Sie von der neuen Gesellschaft zur Abschaffung der Sklaverei halten, die vor Kurzem in Philadelphia gegründet wurde. Mein Mann und ich sind davon überzeugt, dass die Sklavenhaltung unrecht ist und auch im Süden der Vereinigten Staaten verboten werden sollte."

Eliza sah sie erwartungsvoll an und Harriet nickte eifrig. „Ich habe in der Zeitung davon gelesen. Neulich sind wieder einige Sklaven aus Kentucky über den Fluss hierher nach Cincinnati geflohen. Die armen Seelen müssen eine furchtbare Angst haben. Und nach dem Gesetz können die Besitzer sie einfach wieder einfangen – obwohl sie in Ohio als freie Menschen gelten. Das ist doch unmenschlich!"

„Es gibt keinen Grund, warum diese Menschen kein Recht auf Freiheit haben sollten", bestätigte Professor Stowe, der sich auf einem Sessel ihnen gegenüber niedergelassen hatte. „Die Heilige Schrift sagt ganz eindeutig, dass vor Gott alle Menschen gleich sind. Wir sind alle Sünder, und wir dürfen durch Gottes Gnade frei sein. Was diese Sklavenhalter im Süden tun, ist Sünde!"

Harriets Blick ruhte nachdenklich auf Eliza. „Im vergangenen Jahr habe ich zusammen mit einer Freundin den Fluss überquert und einige der Plantagen in Kentucky besucht. Es war furchtbar, das Elend der Sklaven dort zu sehen." Selbst jetzt standen Harriet die Bilder noch so lebhaft vor Augen, als wäre sie erst gestern von ihrer Reise zurückgekehrt.

Ihre Kollegin Mary Dutton, die mit ihr zusammen die Fahrt nach Kentucky unternommen hatte, war ebenso entsetzt gewesen wie sie selbst. Auch Mary war in einem Haus aufgewachsen, in dem schwarze Bedienstete in der Küche und im Stall arbeiteten. Doch weder sie noch Harriet hatten jemals die Verachtung beobachtet, mit der Weiße im Süden ihre farbigen Sklaven behandelten. Oder die Willkür erlebt, mit der über diese beklagenswerten, heimatlosen Menschen bestimmt wurde. Sie erinnerte sich noch an ihr Gespräch spätabends, als sie im Gästezimmer auf der Plantage der Hartmans unweit des Ohio-Flusses in ihren Betten gelegen hatten.

„Hast du die kleinen Kinder gesehen, die in diesem furchtbaren Dreck spielen und kaum etwas zu essen haben?", hatte Mary leise in die Dunkelheit hinein gefragt. „Und wie viel Spielzeug die Töchter von Mr Hartman besitzen? Ich könnte heulen, wenn ich daran denke."

Harriet seufzte. Sie wusste, wie ihrer Kollegin zumute war. „Wie können die Hartmans das nur zulassen? Sie sind doch auch Christen – warum sehen sie denn nicht, wie unrecht das alles ist? Ohne ihre Sklaven hätten sie doch ihren ganzen Reichtum nicht, denn wer sollte sonst die Baumwolle ernten, die ihnen das Geld einbringt? Wie können sie da nur so herzlos sein und diese Menschen mit einem Hungerlohn abspeisen? Und die Häuser, in denen die Sklaven leben, verdienen diesen Namen erst gar nicht."

Voller Bestürzung hatten sie die armseligen und baufälligen Hütten angesehen, in denen die Schwarzen hausten. Wie sie den ganzen Tag lang in der erbarmungslosen Sommerhitze gearbeitet hatten, wie die Peitschen der Aufseher auf ihren Rücken geknallt hatten. Und sie waren den abgemagerten Frauen und hungrigen Kindern begegnet, die sie aus teilnahmslosen Augen angesehen hatten. Harriet hätte nicht gedacht, dass Menschen unter solchen Bedingungen leben konnten. Jedes Mal, wenn sie an die Hoffnungslosigkeit in den Augen der Sklaven dachte, zog sich ihr das Herz zusammen.

„Ich hoffe, dass die Regierung etwas gegen diese Missstände unternimmt", riss Eliza Stowe Harriet aus ihren Gedanken. „Wenn ich das Wahlrecht hätte, würde ich meine Stimme nur einem Präsidenten geben, der endlich etwas gegen das Elend der Schwarzen unternimmt."

Sie unterhielten sich noch eine Weile über die aktuelle Politik und über die Veränderungen, die durch die stetig wachsende Einwohnerzahl der Stadt auf Cincinnati zukamen. Kurz darauf gesellte Catharine sich zu ihnen und das Gespräch wandte sich anderem zu.

Catharine und Harriet hatten gemeinsam eine neue Schule gegründet, und diesmal sollten dort auch Jungen im Grundschulalter unterrichtet werden. Darüber hinaus lag den Beecher-

Schwestern eine bessere Ausbildung von Lehrerinnen besonders am Herzen. Sie waren der Meinung, dass Männer vielleicht mehr wussten – und das war etwas, das sich ändern ließ –, dass sie aber nicht unbedingt besonders dazu begabt waren, Kinder zu unterrichten. Wieder hatten sie sich in ein so ehrgeiziges Projekt gestürzt, dass Harriet kaum Zeit zum Schreiben fand. Andererseits hatte sie auch wenig Zeit zum Grübeln, und die Zeit, die sie mit ihren literarischen Freunden verbrachte, tat ihr ebenfalls gut.

Später am Abend, als alle Gäste gegangen waren, half Harriet, die Teller und Tassen zusammenzuräumen und in die Küche zu bringen. Sie dachte an ihre Unterhaltung mit Eliza und Calvin Stowe zurück und eine große Dankbarkeit erfüllte sie. Sie hatte in der fremden Stadt neue Freunde gefunden.

Obwohl der September näher rückte, lag die Hitze immer noch wie eine bleierne Decke über der Stadt, als das Kanalboot in Cincinnati anlegte. War auf dem Boot wenigstens ein kleiner Lufthauch zu spüren gewesen, so stand die Luft jetzt reglos über dem Ufer und machte den Ankömmlingen das Atmen schwer.

Harriet ging als einer der letzten Passagiere von Bord. Sie hatte ihre Kollegin Mary, die mit ihr unterwegs gewesen war, aus den Augen verloren, als die Reisenden sich bunt durcheinander an die Reling drängten. Offenbar hatte Mary das Boot bereits verlassen und war von ihrer Familie in Empfang genommen worden. Harriet machte sich deswegen keine Gedanken. Sie würden sich am nächsten Tag in der Schule wiedersehen.

Als Harriet wieder festen Boden unter den Füßen hatte, hob sie den Blick, um nach ihrer Schwester Ausschau zu halten, der sie in ihrem letzten Brief die Zeit ihrer Rückkehr mitgeteilt hatte. Catharine hatte sie schon entdeckt und eilte auf sie zu. Nachdem die beiden einander umarmt hatten, nahm Harriet die Hände ihrer älteren Schwester und sah ihr ins Gesicht. Wie gut es war, von einem vertrauten Menschen willkommen geheißen zu werden! So schön der Besuch in ihrer alten Heimat gewesen war, so traurig war es zugleich gewesen, ihre alte und schwache Großmutter zum wohl letzten Male zu verlassen. Und jetzt war selbst die Wiedersehensfreude der Schwestern getrübt.

„Sag, Catharine, sind Papa und die anderen gesund?", drängte Harriet ihre Schwester. In Cincinnati hatte in den vergangenen Wochen die Ruhr gewütet, und auch Walnut Hills, das Viertel, in dem Lyman Beecher mit seiner Frau und Harriets kleineren Geschwistern wohnte, war von der Epidemie nicht verschont geblieben.

„Mach dir keine Sorgen, unseren Lieben geht es gut." Erleichterung durchströmte Harriet bei Catharines Worten. Aber die Miene ihrer Schwester war trotzdem kummervoll. „Einige Studenten sind an der Krankheit gestorben, und von Eliza Stowe hast du ja schon gehört."

Harriet nickte. „Mama hat mir geschrieben." Sie biss sich auf die Unterlippe, um die Tränen zurückzuhalten, die bei dem Gedanken an die Freundin erneut in ihr aufstiegen. Als sie gelesen hatte, dass Eliza Stowe ebenfalls der Ruhr zum Opfer gefallen war, hatte sie bittere Tränen vergossen. „Wie geht es Professor Stowe?"

Catharine zuckte mit den Schultern. „Den Umständen entsprechend. Wir haben alle unser Beileid bekundet, aber er will niemanden sehen. Vielleicht kannst du mit ihm sprechen – du hattest doch ein besonders enges Verhältnis zu seiner Frau."

Harriet erwiderte: „Ich will es gerne versuchen. Ich habe ihm von Massachusetts aus einen Brief geschrieben, aber ich weiß nicht recht, wie ich ihn trösten soll."

Gemeinsam machten die beiden Schwestern sich auf die Suche nach Harriets Gepäck und riefen dann eine Kutsche, die sie nach Walnut Hills bringen würde, wo die restliche Familie auf sie wartete.

Während der Kutscher das Gefährt durch die Straßen von Cincinnati lenkte, hing Harriet ihren Gedanken nach. Sie würde Onkel Samuel bitten, Professor Stowe zum Tee einzuladen. Vielleicht konnte sie bei einer solchen Gelegenheit mit ihm sprechen. Auch wenn sie nicht wusste, welche Worte seinen Kummer lindern könnten – konnten Worte das überhaupt? –, hatte sie doch die Erfahrung gemacht, dass ihr Mitgefühl, ihr Zuspruch anderen guttaten. Wie oft hatte sie in der Schule ihren Mitschülerinnen zugehört, wenn diese Schwierigkeiten hatten. Wann immer jemand in ihrer Umgebung traurig oder verzweifelt war, schien er in ihr eine Vertrauensperson zu sehen, suchten die Menschen ihre Nähe. Ob es daran lag, dass sie durch den frühen Tod ihrer Mutter selbst eine tiefe Traurigkeit durchlebt hatte? Sie wusste es nicht. Aber sie würde alles tun, um dem sanften, zurückhaltenden Professor zu helfen.

„Wie war denn eigentlich die Fahrt?", fragte Catharine in diesem Moment. „Sicher bist du interessanten Menschen begegnet."

Harriet sah ihre Schwester an, während ihre Gedanken zu der neuntägigen Reise zurückwanderten, die sie in mehreren Etappen mit dem Kanalboot und verschiedenen Postkutschen aus der neuenglischen Heimat hierhergebracht hatte. Sie nickte lächelnd.

„Oh ja, das kann man wohl sagen. Weißt du, bei einer der Kutschfahrten saß uns gegenüber ein Ire, der die anderen Passagiere in ein Gespräch über Sklaverei und Gleichberechtigung für die Schwarzen verwickelte. Einer der Mitreisenden behauptete steif und fest, sie könnten doch genauso gut Sklaven sein wie etwas anderes, wo sie doch schwarz seien. Sein Argument entbehrte jeder Vernunft, aber er wiederholte es immer wieder, als würde es dadurch wahrer. Schließlich war unser sanfter irischer Freund so aufgebracht, dass er aus der Haut fuhr." Harriet lachte. „Es gefällt mir, wenn ein ruhiger Mann sich aufregt."

Catharine stimmte in ihr Lachen ein und in dieser heiteren

Stimmung trafen sie beim Haus ihrer Eltern ein, wo ihre Stiefmutter ihnen schon entgegenkam.

Als Harriet zwei Tage später den Salon ihres Onkels betrat, sah sie den Professor am Fenster stehen, den Rücken ihr zugewandt. Er hatte ihr Eintreten nicht bemerkt. Seine stattliche Gestalt wirkte kleiner als sonst, aber vielleicht waren es nur die Schultern, die ein wenig gekrümmt schienen, unter der Last der Trauer gebeugt. Harriet spürte, wie ihr die Tränen kamen. Es war nicht der erste Verlust, den der Professor erleiden musste. Schon in jungen Jahren hatte er den Vater und sieben von acht Geschwistern verloren. Es war ein Wunder, dass er darüber nicht verbittert war, sondern sich erfolgreich seinen Weg durchs Leben gebahnt hatte. Doch nicht nur die Tatsache, dass dieser starke, kluge Mann jetzt so hilflos wirkte, ging ihr nahe, sondern auch ihr eigener Kummer über den Verlust der Freundin stieg wieder in ihr auf.

Sie räusperte sich, und das Geräusch ließ Calvin Stowe herumfahren. In seinem Blick lag so viel Sehnsucht nach menschlicher Wärme, nach Verständnis und Trost, dass es Harriet beinahe den Atem verschlug. Wie sollte sie diese Leere füllen? *Herr, hilf mir, ihm in seinem Kummer eine Stütze zu sein.*

Einige Sekunden lang sagte keiner der beiden etwas. Dann ging Harriet auf ihn zu und streckte ihm beide Hände entgegen, so als wolle sie ihm bedeuten, dass er seinen Kummer ihr übergeben konnte. Dann flüsterte sie: „Es tut mir so leid."

„Danke, Miss Beecher", sagte Stowe mit unsicherer Stimme. „Und ich möchte Ihnen auch für die tröstlichen Worte in Ihrem Brief danken. Sie waren Balsam in dunklen Stunden. Es tut gut, mit einer Frau zu sprechen, die meine geliebte Eliza gekannt und geschätzt hat." Die Gefühle verschlugen ihm die Stimme, und er wandte sich ab, um seine Tränen zu verbergen.

„Erzählen Sie mir von ihr, Professor", bat Harriet leise. Sie wusste, dass es ihm schwerfallen würde, über die Verstorbene zu sprechen, aber zugleich würde es ihm helfen, davon war sie überzeugt.

Der Professor seufzte und führte Harriet zum Sofa, um anschließend auf einem Sessel ihr gegenüber Platz zu nehmen.

Die Tür ging auf, und das Mädchen kam mit dem Tee herein. Harriet dankte der jungen Frau mit einem kurzen Kopfnicken und wandte sich dann wieder ihrem Gegenüber zu. Es dauerte einen Moment, bis Calvin Stowe mit leiser Stimme zu sprechen begann.

„Sie sah so friedvoll aus, als sie starb. Ich kann es manchmal noch immer nicht fassen, dass sie wirklich nicht mehr hier ist. Dabei hatten die Medikamente gegen die Ruhr so gut angeschlagen, und es sah aus, als wäre sie geheilt. Doch dann erlebte sie einen Rückschlag und nichts half mehr." Er atmete tief ein und blickte zum Fenster hinaus. „Irgendwann hat sie dann zu mir gesagt, ich solle ihren Freunden Mitteilung machen und jetzt wolle sie nicht mehr darüber sprechen. Ich musste ihr den dreiundzwanzigsten Psalm vorlesen, immer wieder. Sonst wollte sie nichts hören. ‚Der Herr ist mein Hirte, mir wird nichts mangeln …' Immer wieder habe ich die Verse aufgesagt. Dann rief sie plötzlich aus: ‚Sieh doch nur, wie wunderbar!', so als könnte sie die Herrlichkeit Gottes schon sehen." Wieder stockte die Stimme des Professors.

Harriet nahm unwillkürlich seine Hand und drückte sie sanft, sagte aber nichts.

„Danach fiel sie in einen tiefen Schlaf, aus dem sie nicht wieder aufwachte. Jetzt ist sie bei ihrem Herrn und Heiland."

„Ist es nicht wunderbar, dass wir diese Gewissheit haben?" Harriet verdrängte den Gedanken an ihre eigenen Zweifel. Sie würde ihn nicht damit belasten. Er brauchte den Frieden, den der Glaube ihm gab.

Calvin nickte, aber der Schmerz war deutlich in seinem Blick zu lesen. „Es tut so weh", flüsterte er.

„Miss Beecher?"

Harriet blickte von ihrem Buch auf und sah Onkel Samuels Butler in der Tür zum Salon stehen. „Was ist, Winston?"

„Professor Stowe ist hier."

„Oh ja, ich habe den Professor schon erwartet. Führen Sie ihn herein. Danke, Winston." Harriet erhob sich und strich ihr Kleid glatt. Schnell warf sie einen Blick in den großen Spiegel über dem Sofa. Sie wusste nicht, warum ihre Wangen gerötet waren und ihr Herz plötzlich schneller schlug. Professor Stowe war schon oft in diesem Hause zu Besuch gewesen, und sie hatten – zu zweit oder im größeren Kreis – über Eliza geredet, aber auch über Theologie und Politik. Sie verstanden sich gut und hatten viele Themen, die sie beide interessierten. Wieso war sie dann nervös? Das war doch albern. Schließlich war sie mit ihren vierundzwanzig Jahren kein junges, unvernünftiges Ding mehr, sondern eine reife Frau. Und dass er diesmal ausdrücklich um ein Treffen unter vier Augen gebeten hatte, hatte sicherlich gar nichts zu bedeuten.

„Meine liebe Miss Beecher – Harriet!" Mit diesen Worten trat Calvin Stowe durch die Tür und ging auf sie zu. Er nahm ihre Hand, die sie zur Begrüßung ausgestreckt hatte, und hielt sie ein wenig länger als nötig in seiner. Dabei blickte er sie mit seinen dunklen Augen so eindringlich an, dass ihr Pulsschlag sich noch mehr beschleunigte.

„Setzen Sie sich doch, Professor." Harriet deutete auf einen der Sessel, die unweit der Terrassentür standen. „Kann ich Ihnen etwas anbieten?"

Der Professor schüttelte den Kopf und wartete, bis sie sich auf das kleine Sofa gesetzt hatte, bevor er selbst Platz nahm. Doch es dauerte nicht lange, bis er wieder aufsprang.

„Meine liebe Harriet", begann er wieder. „Ich bin gekommen, um Ihnen etwas Wichtiges zu sagen." Harriet sah, dass seine Wangen leicht gerötet waren. Seine Stimme klang fest und entschlossen, aber seine Hand, mit der er ihre nahm, war heiß.

Es war, als hätte sie glühende Kohlen berührt, und sie zuckte zusammen, als die Wärme ihren Körper durchfuhr. Jeder Nerv schien zu vibrieren und ihr Mund war mit einem Mal ganz trocken. Sie schluckte. Wie konnte es sein, dass dieser Mann, mit dem sie schon so oft in freundschaftlicher Vertrautheit zusammen gewesen war, plötzlich eine solche Wirkung auf sie hatte? Irgendetwas an ihm war anders, eindringlicher als sonst. Doch was sie am meisten überraschte, war nicht sein Verhalten, sondern ihre eigene heftige Reaktion auf ihn.

Harriet war so verwirrt, dass sie seine nächsten Worte kaum registrierte. Sie sah, wie er vor ihr auf sein rechtes Knie sank, aber sie war unfähig, sich zu rühren.

„… dass meine Liebe zu dir keine plötzliche Anwandlung ist. Sie ist in den vergangenen Monaten langsam und beständig gewachsen, während ich dich besser kennenlernen durfte. Und jetzt, geliebte Harriet, habe ich das Gefühl, untrennbar mit dir verbunden zu sein, als würde mein Blut durch deine Adern strömen, und würden wir auseinandergerissen, müsste ich verbluten. Würdest du mir die Ehre erweisen, meine Frau zu werden?"

Auch Harriets Wangen waren gerötet, als sie ihn ansah. Sie brauchte keine Bedenkzeit. Sie wusste, dass sie mit diesem Mann den Rest ihres Lebens verbringen wollte. Sie liebte diesen großen Geist, der doch so oft an sich selbst zweifelte; den sensiblen Menschen, der so viel zu geben hatte und sie zugleich so sehr brauchte; diesen sinnlichen Mann, der Leib und Seele in ihr zum Klingen brachte. „Calvin", flüsterte sie seinen Namen, fast ehrfürchtig. „Ja, mein Lieber, das will ich von Herzen gerne."

Dann stand sie auf, streckte die Hände aus und zog ihn in ihre Arme. Sie hätte nie gedacht, dass sie einem Mann jemals so ihre Gefühle offenbaren würde, aber als seine Lippen die ihren berührten, erwiderte sie seinen Kuss mit einer Leidenschaft, die ihr selbst ganz neu und wunderbar erschien. Sie wünschte, seine Umarmung würde niemals enden.

Als sie sich schließlich doch voneinander lösten, war keine

Fremdheit mehr zwischen ihnen. Keine Verlegenheit trübte die Freude über ihr neu gefundenes Glück, denn Harriet kam es vor, als habe sie endlich ihre Ergänzung gefunden. Sie saßen noch lange nebeneinander auf dem Sofa und nahmen die Gegenwart des anderen in sich auf. Manchmal sprachen sie im Flüsterton, dann wieder blickten sie einander nur verwundert an, bis es so dunkel im Zimmer geworden war, dass Harriet fast nur noch die Umrisse seines Gesichts erkennen konnte.

Schließlich erhob Calvin sich widerwillig, um zu gehen. Nach einem Abschiedskuss war er plötzlich verschwunden, aber sein Duft hing noch im Raum, und Harriet sank wieder auf das Sofa zurück.

Noch immer konnte sie kaum fassen, dass ihr Leben mit einem Schlag eine ganz andere Richtung genommen hatte. Anders als für ihre Schwester Catharine würde die Schule nicht ihr Lebenswerk sein. Sie würde ihre eigene Familie haben, würde Kinder zur Welt bringen und ihren Mann bei seiner Tätigkeit unterstützen.

War dies der Sinn ihres Lebens, nach dem sie schon so lange suchte? Harriet war sich ihrer Liebe zu Calvin sicher, auch wenn sie nicht wusste, was ihr gemeinsames Leben für sie bereithielt. Sie würde alles tun, damit der Mann, den sie liebte, stolz auf sie sein konnte.

Herzklopfen

*D*raußen wurde es allmählich dämmrig, als Harriet die letzten Sachen in den Überseekoffer packte. Die Abendstille hatte sich über die Stadt gelegt, und das geschäftige Treiben des Tages war verebbt. Das Einzige, was sie hörte, waren die Schritte ihres Mannes, der in seinem Arbeitszimmer unterm Dach hin und her ging. Auch er war dabei, letzte Vorbereitungen für seine Reise zu treffen.

Langsam ließ Harriet sich auf der Bettkante nieder und streckte die Hand nach der Kerze aus, die auf dem Tisch neben dem Bett stand. Das Streichholz flammte auf und tauchte den Raum in warmes Licht, während sie die Kerze mit ruhiger Hand entzündete. Die Flamme flackerte im Luftzug, der durch die Fensterritzen drang, und ließ Schatten an der niedrigen Decke des Schlafzimmers und auf den schiefen Wänden tanzen. Seit fünf Monaten lebten sie jetzt in diesem kleinen Steinhaus. Und seit fünf Monaten war sie Calvin Stowes Frau.

Harriet dachte an den Tag im Januar zurück, an dem sie mit einer schlichten Zeremonie im Haus ihres Vaters getraut worden waren. Einer ihrer Brüder hatte die Ehe im Angesicht Gottes geschlossen, und ihr Herz hatte vor Freude höher geschlagen, als Calvin ihre Hand genommen und ihr Liebe und Treue gelobt hatte. *In guten und schlechten Tagen, in Gesundheit und Krankheit, bis dass der Tod uns scheidet.*

Bei der Erinnerung daran, wie nervös sie in den Wochen vor der Hochzeit gewesen war, musste Harriet lächeln. Wie die meisten jungen Frauen ihrer Zeit hatte sie nicht gewusst, was auf sie zukommen würde. Wie würde ihre Rolle an der Seite ihres Mannes aussehen? Was erwartete er von seiner Frau? Sie war sich seiner Liebe gewiss, aber sie wusste auch, dass er sie unwillkürlich mit Eliza vergleichen würde. Und so hatte sie, die sonst immer einen kühlen Kopf behielt, zitternd und zagend ihrer Eheschließung entgegengesehen.

Das Merkwürdige war, dass sie am Morgen des 6. Januars 1836 ganz ruhig aufgewacht war. Mit einem Mal war alle Angst verflogen gewesen und ein tiefer Friede hatte Harriet erfüllt. Und dieses Gefühl war geblieben. Noch wenige Minuten vor der Trauung, während sie darauf gewartet hatte, dass Calvin erschien, hatte sie Georgiana einen Brief geschrieben. Wie hatte sie sich gewünscht, ihre Freundin könnte diesen Augenblick mit ihr teilen. Doch es waren nur einige von Harriets Geschwistern und ihr Vater dabei gewesen, als sie diesen neuen Lebensabschnitt begann.

Harriet erhob sich, nahm die Kerze und ging zur Tür. Dort wandte sie sich noch einmal um und ihr Blick ging zu dem Ehebett, das sie in den letzen fünf Monaten geteilt hatten. *Es ist nicht immer einfach, eine Ehe zu führen,* dachte sie. *Aber es ist die Mühe wert.*

Die alte Standuhr in der Diele hatte gerade elf geschlagen, als Harriet die Kerze wieder auf den Nachttisch stellte. Sie blies sie aus und kroch unter die schwere Steppdecke. Auch wenn die Sonne die Frühsommertage erwärmte, waren die Nächte Anfang Juni oft noch empfindlich kühl. Das Laken war kalt, und sie schob sich näher an Calvin heran, um sich an ihm zu wärmen.

Er zog sie in seine Arme. „Bist du müde?", flüsterte er.

Harriet schüttelte den Kopf. Calvin ahnte die Bewegung wohl mehr, als er sie sah, aber sie spürte seinen Atem, der gerade noch ruhig und schläfrig geklungen hatte, jetzt schneller gehen. Auch ihr eigener Pulsschlag beschleunigte sich. Ihre Haut prickelte, als seine Hand forschend ihre Arme hinaufwanderten und den obersten Knopf ihres Nachthemdes suchten. Sie nahm seine Hand und führte sie, um ihm zu helfen.

Nachdem sie zuerst unsicher und ein wenig ängstlich gewesen

war, hatte Harriet in den vergangenen Wochen und Monaten gelernt, wie sein Körper auf sie reagierte, und auch, nach welchen Zärtlichkeiten sie selbst sich sehnte. Sie hatten einander kennengelernt, hatten die Verbindung ihrer Seelen und ihre Liebe durch eine wundervolle Vertrautheit besiegelt und noch reicher gemacht. Und jetzt trug sie das Ergebnis dieser Liebe unterm Herzen.

Bei der Vorstellung, dass er sie morgen verlassen und für lange Zeit nach Europa reisen würde, wurde ihr ganz wehmütig zumute und auch ein wenig bange. Aber sie schob den Gedanken beiseite. Heute Nacht würde sie keine Traurigkeit zulassen. Sie spürte Calvins Hände tiefer wandern, über ihre Brust und den gewölbten Bauch, und seine Lippen senkten sich auf ihre. Sie erwiderte seinen leidenschaftlichen, fordernden Kuss und ließ sich von einer stetig steigenden Welle der Erregung mitreißen.

Wenig später lagen sie im Dunkeln eng aneinandergeschmiegt nebeneinander.

„Woran denkst du?", fragte Harriet leise. Sie war schläfrig, aber sie wollte die wenigen Minuten trauter Zweisamkeit, die ihnen blieben, bevor sie einander für lange Zeit Lebewohl sagen mussten, ganz und gar auskosten.

„Ich denke daran, wie schön es wäre, wenn du mit mir nach England fahren könntest. Ich weiß gar nicht, wie ich ohne dich dort zurechtkommen soll."

Harriet lächelte. „Du weißt doch, dass ich in meinem Zustand keine so lange Reise unternehmen kann. Außerdem hättest du bestimmt gar keine Zeit, dich um mich zu kümmern. Vor lauter Büchern und gelehrten Gesprächen wirst du kaum an mich denken."

„Dich vergessen? Wie könnte ich das?" Seine Stimme klang rauer als sonst. Es war, als hätte er Mühe, seine Gefühle zu beherrschen. „Mir werden unsere Gespräche fehlen. Und deine klugen Ansichten über die Dinge, die in der Welt vor sich gehen. Und deine Wärme."

„Ich werde dir schreiben – das verspreche ich dir. Und du musst mir alles, was du erlebst, genau beschreiben, dann wird es beinahe so sein, als wäre ich selbst dabei. Europa ... Du wirst sehen, die Zeit wird wie im Flug vergehen. Und wenn du wiederkommst, erwartet dich deine kleine Familie hier, und dann kannst du mir in allen Einzelheiten von deinen Reisen erzählen.“ Harriet gab ihm einen spielerischen Kuss auf die Nasenspitze, als wollte sie ihm zeigen, dass sie den Abschied leichtnahm. Dann fügte sie mit einem kleinen Seufzer hinzu: „Ich wünschte, ich wäre ein Mann und könnte an deiner Stelle fahren. Ich würde mich prächtig amüsieren.“

„Aber wirst du denn allein zurechtkommen, wenn deine Zeit kommt?“, fragte Calvin besorgt.

„Ich bin doch nicht allein, Liebster. Du weißt doch, es ist alles besprochen. Ich werde zu meinem Vater ziehen, solange du fort bist. Dort bin ich bestens aufgehoben.“

Harriet lehnte sich zurück und gähnte. Das Schiff, mit dem Calvin in Richtung Ostküste aufbrechen würde, sollte früh am nächsten Tag ablegen. In Boston würde er dann an Bord des Dampfers gehen, der ihn nach Europa brachte. Er hatte eine lange Reise vor sich und brauchte seinen Schlaf. Und Harriet selbst musste ebenfalls Kraft tanken für das kleine Wesen, das in ihr heranwuchs.

„Gute Nacht“, flüsterte sie, während sie spürte, wie ihre Lider schwer wurden. „Ich liebe dich.“

„Habt ihr die Neuigkeiten gehört?“ Harriet war ein wenig außer Atem, nachdem sie von der Straße zum Haus ihres Vaters hinaufgeeilt war. Ihr wachsender Bauch war ihr schon jetzt eine Last und die Rückenbeschwerden nahmen ebenso zu wie die ständige Müdigkeit. Dabei war es noch lange nicht Zeit für das Baby, auf die Welt zu kommen.

Heute war jedoch nicht nur die Schwangerschaft schuld an ihrer Atemlosigkeit. Soeben war ein Bekannter aus ihrem literarischen Klub vorbeigekommen und hatte ihr von dramatischen Ereignissen in der Stadt erzählt.

„Heute Nacht ist die Redaktion des *Philanthropist* überfallen worden!", berichtete Harriet. Lyman Beecher zog die Augenbrauen hoch und Catharine nahm Harriets Hand, um sie neben sich auf das Sofa zu ziehen.

„Setz dich doch erst einmal. Und dann erzähl der Reihe nach, was passiert ist."

Harriet folgte der Aufforderung und nahm Platz, während Catharine das Mädchen rief, damit es für Harriet ein Glas Wasser brachte. „Es war um Mitternacht. Einige Männer sind in das Büro von James Birney eingedrungen – darunter auch angesehene Bürger der Stadt! Sie haben alles verwüstet und die Druckerpresse beschädigt, damit er seine Zeitung nicht mehr drucken kann. Und das alles nur, weil er gegen die Sklaverei ist und fordert, sie abzuschaffen. Es ist ein Skandal, dass so etwas in einem Staat wie unserem möglich ist!" Harriets Wangen glühten vor Empörung. „Wir müssen etwas unternehmen", fügte sie entschlossen hinzu.

Ihr Vater nickte bedächtig. „Gewalt ist nicht recht – auch wenn diese Leute vielleicht gute Absichten verfolgen."

„Gute Absichten? Aber Vater, wie kannst du so etwas sagen? Diese Leute haben nur Angst, ihre Macht zu verlieren, deshalb lassen sie keine andere Meinung zu – schon gar nicht, wenn sie öffentlich geäußert wird, so wie Birney es in seiner Zeitung tut!"

„Nun beruhige dich doch, Hattie", beschwichtigte ihre Schwester. „Du darfst dich nicht so aufregen. Denk an das Baby."

Aber Harriet konnte nicht einfach zur Tagesordnung übergehen. Sie durften nicht tatenlos zusehen, wie die Meinungs- und Pressefreiheit mit Füßen getreten wurde. Dann hatte sie eine Idee. „Bestimmt kann Henry uns helfen."

Ihr Bruder, der wie sein Vater Prediger war, hatte eine Zeit lang die Veröffentlichung des *Cincinnati Journal* übernommen, dessen Verleger derzeit auf Reisen war. Wenn Harriet einen Leserbrief schrieb, würde Henry ihn sicherlich abdrucken, denn er würde über die Vorkommnisse ebenso entsetzt sein wie seine Schwester.

„Ich werde gleich etwas verfassen, das Henry in der Zeitung drucken kann", erklärte sie ihrer Familie und erhob sich mühsam von der Couch. „Wartet nicht mit dem Essen auf mich."

Kurz darauf saß Harriet in ihrem Zimmer an dem kleinen Schreibtisch, vor sich Papier, Feder und Tintenfass, und überlegte, wie sie anfangen sollte.

In diesem Augenblick spürte sie, wie das Kind in ihrem Leib sich bewegte. Sie hatte schon öfters geglaubt, einen Tritt zu bemerken, aber diesmal war er ganz deutlich. Sie legte die Feder beiseite und strich sich über den Bauch, während ein Gefühl tiefer Liebe zu dem Ungeborenen sie durchströmte. Es war, als wollte dieser kleine Mensch sie anspornen, für eine bessere Welt zu kämpfen, ihre Meinung zu sagen und gegen die Missstände um sie herum aufzustehen. Harriet lächelte. Sie würde alles dafür tun, damit ihr Baby in einer gerechteren Gesellschaft aufwuchs.

Zugleich wurde ihr jedoch schmerzlich bewusst, wie wenig sie in einem Land ausrichten konnte, in dem weiße Männer die Einzigen waren, die wählen durften, die das Recht auf ihrer Seite hatten und vor Gericht überhaupt gehört wurden. Wieder einmal fragte sie sich, welche Richtung ihr Leben wohl in Zukunft nehmen würde. Waren Ehe und Familie ihre einzige gottgegebene Aufgabe? Musste sie nicht ihr schriftstellerisches Talent ebenso einsetzen, um Gottes Möglichkeiten für ihr Leben ganz auszuschöpfen? Vielleicht war es das, wozu sie berufen war.

Sie wandte sich wieder ihrem Vorhaben zu. Den Leserbrief einer Frau würde man nicht ernst nehmen. So beschloss sie, sich ein männliches Pseudonym auszudenken. Frank? Franklin. Ja, das klang gut. Und dann würde sie ein erfundenes Gespräch wiedergeben, in dem dieser Franklin sich mit einem Gast über die Pressefreiheit unterhielt.

Harriet lächelte zufrieden. Es machte ihr Spaß, Charaktere zu erschaffen, umso mehr, wenn es für einen guten Zweck war. Immerhin diente es dazu, für die Grundrechte einzutreten, die Amerikas Gründerväter in der Verfassung formuliert hatten. Sie würde nicht schweigen, nur weil sie eine Frau war.

Als sie den Brief zu Ende geschrieben hatte, stand Harriet auf und streckte sich. Ihr Rücken schmerzte und ihr Magen knurrte. Sicher hatten die anderen längst gegessen, aber sie würde in der Küche noch etwas finden, womit sie ihren Hunger stillen konnte.

Sie wünschte, es wäre ebenso einfach, die Sehnsucht nach ihrem Mann zu stillen. Calvin war jetzt seit mehr als einem Monat fort und Harriet vermisste ihn sehr. Ihr fehlten die Gespräche über Politik und Theologie, vor allem aber vermisste sie den seelenverwandten Freund und Liebhaber, der er für sie in den vergangenen Monaten geworden war. Und auch wenn sie ihm gegenüber nichts davon hatte durchblicken lassen, war ihr bei dem Gedanken an den Familienzuwachs doch mulmig zumute.

In der Küche schnitt sie sich ein Stück von der Pastete ab, die in der Speisekammer stand, und dazu eine Scheibe frisches Brot, das verführerisch duftete. Sie tat beides auf einen Teller und nahm es mit hinauf in ihr Zimmer, zusammen mit einem Glas Milch. Sie stellte ihr Abendbrot auf den Tisch und machte sich daran, ihrem Mann zu schreiben.

Mein lieber Calvin,
Du wirst erfreut sein, wenn ich Dir erzähle, dass ich in Deiner Abwesenheit einen Deiner Grundsätze vertrete. Ich habe eine kleine Skizze verfasst, die ich meinem Bruder Henry zur Veröffentlichung schicken will. Aber lass mich berichten, wie es dazu kam …

Ein scharfer Schmerz durchfuhr Harriet, sodass ihr der Atem stockte. Sie hielt sich am Treppengeländer fest und krümmte sich. Obwohl sie es noch nie zuvor erlebt hatte, wusste sie instinktiv, dass die Wehen begonnen hatten. Panik stieg in ihr auf. Es war noch zu früh. Der Arzt hatte gesagt, es würde noch einige Wochen dauern, doch Harriet hatte keinen Zweifel. Bislang hatte sie zwar hin und wieder ein Ziehen im Unterleib gespürt, aber dies war anders. Nachdem die Welle des Schmerzes verebbt war, holte sie tief Luft und ging langsam weiter die Treppe hinunter. Harriet klopfte das Herz bis zum Hals, und ihr war schwindelig. Sie musste Catharine finden.

„Hattie! Was ist los? Du bist ja ganz bleich." Ihre Schwester war gerade aus dem Salon getreten und blickte Harriet jetzt prüfend an. Dann veränderte sich Catharines Miene schlagartig, als sie die Situation erkannte. Sie stützte Harriet und führte sie wieder die Treppe hinauf und in ihr Zimmer zurück.

„Leg dich aufs Bett und überlass alles mir", befahl sie und Harriet widersprach nicht. Sie war froh, dass Catharine das Kommando übernahm.

„Ich schicke den Kutscher, damit er Dr. Drake holt, und dann sage ich den Mädchen Bescheid, dass sie alles vorbereiten sollen."

Wieder sog Harriet scharf die Luft ein, als die nächste Wehe sie erfasste. Sie versuchte, an Calvin zu denken und daran, dass sie bald ihr Kind im Arm halten würde. Doch der Schmerz war so stark, dass er ihr die Tränen in die Augen trieb.

Der Rest des Tages verschwamm in Harriets Wahrnehmung. Schier endlos erschien ihr die Zeit, bis der Arzt erschien, und mit jeder Wehe fühlte sie neue Angst in sich aufsteigen. Die Krankenschwester, die ihr Vater gerufen hatte, kühlte ihr in regelmäßigen Abständen die Stirn und gab ihr kleine Schlucke Wasser zu trinken. Als die Wehen nur noch wenige Minuten voneinander entfernt waren, nahm Harriet die Bibel, die auf ihrem Nachttisch lag, und umklammerte sie mit beiden Händen. Ohne das Buch aufzuschlagen, flüsterte sie die Worte des hundertneununddreißigsten Psalms vor sich hin: *Denn du hast meine Nieren bereitet und hast mich gebildet im Mutterleibe. Ich danke dir dafür, dass ich wunderbar gemacht bin … Es war dir mein Gebein nicht verborgen, als ich im Verborgenen gemacht wurde … Deine Augen sahen mich, als ich noch nicht bereitet war …*

Bislang hatte sie diesen Psalm immer auf sich selbst bezogen, hatte ihren eigenen Wert als Kind Gottes darin erkannt. Doch jetzt bekam er eine ganz andere Bedeutung, als sie hoffte und betete, das Baby in ihrem Leib möge leben und gesund sein. Auch dieses Kind war „im Verborgenen gemacht". Gott kannte dieses zarte, hilflose kleine Wesen schon, obwohl es noch nicht einmal das Licht der Welt erblickt hatte. Und auch wenn der Schmerz blieb, so spürte Harriet doch, wie ihre Angst nachließ.

Am späten Abend war es dann endlich so weit. Als Harriet schon glaubte, keine Kraft mehr zu haben, schenkte sie mit einer letzten Anstrengung einer Tochter das Leben. Ihre schmerzerfüllten Schreie mussten im ganzen Haus zu hören gewesen sein, aber das war ihr gleichgültig. Sie hatte es geschafft. Sie lehnte sich erleichtert zurück und schloss die Augen. Doch gleich darauf spürte sie wieder einen heftigen Stich. Sie stöhnte auf.

„Keine Sorge, Mrs Stowe, bald haben Sie es geschafft. Aber ein bisschen müssen Sie noch durchhalten, Ihre Kleine bekommt noch ein Geschwisterkind", sagte Dr. Drake freundlich. Harriet starrte ihn an. Sie bekam Zwillinge? Dann nahm sie alle Kraft zusammen und presste wieder und wieder, bis sie spürte, dass auch die zweite Geburt vollendet war.

„Zwei feine Töchter – na, da wird der Herr Professor aber Augen machen", murmelte der Arzt zufrieden, nachdem Mutter und Kinder versorgt waren. Harriet nickte nur und sah zu, wie die Krankenschwester die Zwillinge badete und wickelte.

Ungeduldig wartete sie darauf, ihre Töchter im Arm zu halten. Eine tiefe Liebe zu diesen winzigen, hilflosen Geschöpfen erfüllte sie, und gleichzeitig war sie froh, dass die Geburt überstanden war.

Die beiden Mädchen waren Lyman Beechers ganzer Stolz. Oft sah Harriet, wie er über die beiden Wiegen gebeugt stand und liebevoll die schlafenden Enkel betrachtete. Er war es auch, der zuerst festgestellt hatte, dass die kräftige Harriet ihrer Mutter wie aus dem Gesicht geschnitten war, während die zarte Eliza ganz dem Professor glich.

Jetzt stand Harriets achtjähriger Halbbruder, das Nesthäkchen James, neben seinem Vater und starrte die Babys fasziniert an.

„Papa?", fragte er und zeigte auf die winzigen Fingerchen. „Hatte ich früher auch so kleine Hände?"

Sein Vater nickte. „Die hattest du. Alle Menschen sind so klein, wenn sie auf die Welt kommen." Sein Blick ruhte nachdenklich auf den Mädchen. „Es ist immer wieder ein Wunder zu sehen, wie vollkommen der Herrgott uns erschaffen hat."

Harriet legte eine Hand auf den Arm des Predigers. Lyman Beecher hatte inzwischen schlohweißes Haar und sein Rücken war vielleicht nicht mehr ganz so kerzengerade wie früher, aber er war noch immer eine beeindruckende Persönlichkeit. „Weißt du noch, dass du dir damals gewünscht hast, ich wäre ein Junge?" Sie lächelte verschmitzt. „Wenn ich ein Junge geworden wäre, hättest du jetzt nicht diese beiden entzückenden Enkelkinder."

Ihr Vater nickte und der Blick, mit dem er Harriet ansah, war zärtlich. „Da hast du wohl recht. Und sieh dich nur an – eine richtige kleine Lady ist aus dir geworden", fügte er hinzu. Harriet war sich nicht sicher, aber sie glaubte so etwas wie Anerkennung in seiner Stimme zu hören, und das machte sie froher als alle

Komplimente, die sie von anderen bekam. Sie hatte schon viel erreicht in ihrem Leben, aber noch immer war es ihr wichtig, dass ihr Vater stolz auf sie war. Ob sich das jemals ändern würde? Sie drückte seinen Arm ganz kurz und blickte ihn liebevoll an, bevor sie zum Sofa ging, um sich wieder ihrer Handarbeit zu widmen. Das Leben mit zwei Säuglingen zehrte an ihren Kräften, auch wenn sie im Haus ihres Vaters viel Hilfe hatte.

Harriet fragte sich, wie es wohl sein würde, wenn Calvin wieder da war und sie in ihrem beengten kleinen Häuschen zurechtkommen mussten. Der Gedanke beunruhigte sie ein wenig, auch wenn sie sich von ganzem Herzen danach sehnte, ihren Mann wiederzuhaben, ihn wieder zu umarmen. Während seiner Abwesenheit hatte sie tägliche Notizen für ihn gemacht, die er einmal im Monat erhielt, aber sie konnte es kaum erwarten, ihm leibhaftig von den Ereignissen der letzten Monate zu erzählen und zu hören, was er von seiner Europareise zu berichten hatte. Er würde seine Töchter kennenlernen und sie würden endlich eine richtige Familie sein.

Calvin war vor Freude außer sich gewesen, als er bei seiner Ankunft in New York die Nachricht von der Geburt der Zwillinge erhalten hatte. Schon vor seiner Abreise hatte er bestimmt, dass das Neugeborene, wenn es ein Mädchen war, nach seiner ersten Frau Eliza heißen solle. Eliza Stowe. Harriet war seinem Wunsch bereitwillig gefolgt, hatte sie doch in Eliza eine gute Freundin gehabt, deren Andenken sie nur zu gerne ehrte. Ihre andere Tochter hatte sie Isabella genannt, aber Calvin hatte gleich Einspruch erhoben. „Sie muss Harriet heißen. Eliza und Harriet!" Mehrmals hintereinander hatte er es in seinem Brief geschrieben, so als könne er sich an dem Anblick dieser beiden ihm so lieb gewordenen Namen gar nicht satt sehen: *Eliza und Harriet.*

Als Harriet wenige Tage später hörte, wie eine Kutsche vor dem Haus ihres Vaters vorfuhr, legte sie ihre Näharbeit beiseite und ging zum Fenster, neugierig, wer zu so früher Stunde zu

Besuch kam. Doch dann sah sie die groß gewachsene Gestalt mit der hohen Stirn aussteigen, und ihr Herz schlug schneller. Erst jetzt wurde ihr so richtig bewusst, wie sehr sie diesen Mann vermisst hatte. Sie lief in die Eingangshalle hinaus und riss die Haustür auf. Sie scherte sich nicht darum, ob es sich für eine verheiratete Frau geziemte, sondern rannte draußen die Treppe hinunter und auf die Kutsche zu.

„Gott sei Dank, dass er dich heil zu mir zurückgebracht hat", flüsterte sie, bevor sein Kuss ihren Mund verschloss. Die Wärme seiner Umarmung durchströmte ihren ganzen Körper und seine Lippen waren Erinnerung und Verheißung zugleich.

„Ich habe dich so sehr vermisst, meine liebste Harriet", sagte Calvin, als sie sich schließlich voneinander lösten. Seine Stimme klang heiser, als kämpfe er mit seinen Gefühlen. „Du weißt ja, dass ich ohne dich nur ein halber Mensch bin."

Harriet lächelte, nahm seinen Arm und zog ihn ins Haus. „Dafür erwartet dich jetzt doppeltes Vaterglück. Komm mit, ich zeige dir Eliza und Harriet."

Als Harriet ihn zu den Wiegen der Mädchen führte, bewunderte der Professor seine Töchter mit sprachlosem Staunen. Immer wieder ging sein Blick zu Harriet, als könnte er nicht fassen, dass seine zierliche Frau zwei so vollkommenen Wesen das Leben geschenkt hatte. Als ihre Blicke sich begegneten, sah Harriet, dass er Tränen in den Augen hatte. Sie schlang die Arme um ihn und lehnte den Kopf an seine Brust. Sein Herzschlag, der vorhin heftig und erregt gewesen war, fühlte sich jetzt ruhig und stark an. „Bring mich nach Hause, Liebster", sagte sie leise.

„Hast du heute schon die Zeitung gelesen?"

Harriet ließ sich auf ihren Stuhl am Frühstückstisch fallen und schüttelte den Kopf. Sie konnte sich nicht erinnern, wann sie das letzte Mal in Ruhe einen ganzen Zeitungsartikel gelesen hatte. Das Familienleben brachte viel Arbeit mit sich, das hatte sie in den vergangenen drei Jahren gelernt. Dass sie jetzt ein paar Minuten Muße hatte, um ihre schmerzenden Handgelenke zu massieren, verdankte sie der Tatsache, dass sie seit einiger Zeit eine zusätzliche Hilfe hatte. Sarah war ein stilles Mädchen, das als Sklavin von Kentucky nach Cincinnati gekommen war. Ihre Besitzerin hatte Sarah in Cincinnati zurückgelassen, und Harriet und der Professor hatten sie bei sich aufgenommen und ihr Arbeit gegeben. Im Augenblick war das Mädchen bei den dreijährigen Zwillingen und spielte mit ihnen, während der kleine Henry schlief.

„Was gibt es denn für Neuigkeiten?" Harriet vermisste die Gespräche mit ihrem Mann, für die zwischen dem Führen des Haushalts, den Bedürfnissen der Kinder und den seltenen Gelegenheiten zum Schreiben kaum noch Zeit blieb. Jetzt sah sie Calvin erwartungsvoll an.

„Es gibt Bestrebungen, die Situation für geflohene Sklaven zu ändern", erklärte Calvin. „Hier, hör mal: *Auf Antrag mehrerer südlicher Bundesstaaten erwägt der Kongress eine Verschärfung der bestehenden Gesetze zur Auslieferung flüchtiger Sklaven. Bislang sind Staaten, in denen geflohene Sklaven Zuflucht suchen, nicht verpflichtet, den früheren Besitzern Auskunft über den Verbleib der Flüchtlinge zu geben, da sie nach dem Gesetz dieser Staaten frei sind. Es wird jedoch erwogen, eine Mitwirkungspflicht einzuführen, nach der sich strafbar macht, wer nicht zur Ergreifung der flüchtigen Sklaven beiträgt oder eine solche gar behindert.*"

Harriet blickte nachdenklich drein. „Aber das heißt doch, dass unsere Gesetze nichts gelten, wenn das Bundesgesetz einfach über uns bestimmen kann. In Ohio gibt es keine Sklaverei, also sind diese Menschen frei, sobald sie hier sind. Wie können wir sie an ihre früheren Peiniger ausliefern? Das ist nicht recht!"

Calvin nickte ernst. „Noch ist es nicht beschlossene Sache, aber ich glaube, es wird nicht mehr lange dauern, bis sie die Bluthunde auf die armen Menschen hetzen."

„Wie gut, dass Sarah nicht geflohen ist – sonst wäre sie vielleicht auch in Gefahr." Harriet runzelte die Stirn. Wieder einmal musste sie daran denken, was sie Jahre zuvor auf den Baumwollplantagen in Kentucky gesehen hatte. Die Bilder waren unauslöschlich in ihr Gedächtnis gebrannt, und jetzt, wo sie selbst Kinder hatte, war ihr der Gedanke, wie die Familien der Schwarzen dort hausten, noch unerträglicher als zuvor.

Sie erhob sich, um ihrem Hausmädchen Anna Anweisungen für das Mittagessen zu geben. Anschließend warteten auf sie zwei Kleider für Hattie und Eliza, die halb fertig waren und endlich zu Ende genäht werden mussten. Harriet seufzte. Es machte ihr nichts aus, Verantwortung für Kinder und Haushalt zu haben, aber die praktischen Dinge waren oft eine Last für sie. Wie viel lieber hätte sie sich mit Feder und Papier zurückgezogen und ihrer Fantasie Flügel verliehen, anstatt von der Wirklichkeit des Familienalltags auf dem Boden angebunden zu werden. Nicht, dass sie ihren Mann und ihre Kinder hätte missen wollen. Sie liebte ihre Familie von ganzem Herzen. Ob es anderen Frauen auch so ging – dass sie hin und her gerissen waren zwischen ihren Pflichten als Ehefrau und Mutter und dem Wunsch, ihre eigene Seele zu nähren und dem Leben mehr als Mühe und Arbeit abzuringen?

Wenn diese Gedanken kamen, fühlte Harriet sich sofort schuldig, weil sie nicht den völligen Verzicht zustande brachte oder auch nur wollte, die ganz und gar selbstlose Hingabe, das Sich-Aufopfern für Mann und Kinder. War sie eine schlechte Christin, wenn sie so dachte? Ihre Gedanken wanderten zurück zu ihrer Mutter Roxana, an die sie sich kaum erinnerte, die sie aber immer bewundert hatte. Wie war es ihr ergangen?

In diesem Augenblick fing der kleine Henry in seiner Wiege an zu weinen. Harriet seufzte und erhob sich schwerfällig. Wenn ihr Gefühl sie nicht trog, würde in einigen Monaten noch ein kleiner Stowe-Sprössling das Licht der Welt erblicken. Sie hatte Calvin noch nichts von ihrer Vermutung erzählt, weil sie ihn nicht unnötig beunruhigen wollte. Ihr Mann hatte im Augenblick genug Sorgen wegen der finanziellen Situation des Predigerseminars, die eine Kürzung seines Gehaltes zur Folge gehabt hatte. Ein Familienzuwachs zu diesem Zeitpunkt war eine zusätzliche Belastung.

Das Schreien wurde lauter, fordernder. Harriet schob ihre düsteren Gedanken beiseite und trat an das Bett ihres Sohnes, um ihn auf den Arm zu nehmen. „Du bekommst Zähnchen, nicht wahr? Ist ja gut. Schhh." Sie wiegte Henry auf dem Arm, während sie in der kleinen Wohnstube auf und ab ging, und hielt ihm ihren kleinen Finger hin, an dem er begierig lutschte und sein schmerzendes Zahnfleisch rieb. Harriet sah liebevoll auf ihn hinunter. „Wenn du groß bist, wirst du vielleicht auch ein Professor wie dein Papa oder ein großer Prediger wie Großvater Beecher", sagte sie lächelnd, und dann fügte sie leise hinzu: „Aber was immer du sonst noch wirst – möge Gott dich zu einem guten Menschen machen."

Es war kaum eine Woche vergangen, seit Calvin ihr den Zeitungsartikel vorgelesen hatte, als er eines Abends mit ungewöhnlicher Eile in den Salon hereingestürmt kam. „Wo ist Sarah?"

Harriet starrte ihn an. „Sie ist in der Küche und schält Kartoffeln. Warum? Was ist denn los, Calvin?"

„Wir müssen sie verstecken." Er klang atemlos, so als wäre er schnell gelaufen. Die Dringlichkeit in seiner Stimme übertrug sich auf Harriet.

„Verstecken? Wieso denn?" Sie sah ihn verständnislos an, während ihr Puls sich beschleunigte. „Was ist denn passiert – nun erzähl doch!"

„Gerade habe ich gehört, dass Sarahs frühere Besitzer in der Stadt sind und das Mädchen suchen. Offenbar wollen sie ihr ‚Eigentum' nun doch zurückhaben." Das Wort „Eigentum" spie er förmlich aus. Harriet hatte ihn selten so aufgebracht gesehen.

„Aber ist es nach dem Gesetz nicht so, dass nur geflohene Sklaven zurückgegeben werden müssen? Sarah ist doch nicht geflohen, sondern wurde hier freigelassen."

„Das stimmt, aber wenn diese Leute etwas anderes behaupten, wem wird man dann wohl glauben? Wie schnell kann man ein paar falsche Zeugen kaufen und die Wahrheit verdrehen – diesen Sklaventreibern traue ich alles zu!"

Darauf wusste Harriet nichts zu erwidern. Was Calvin sagte, stimmte. Sarahs Wort würde vor Gericht nichts gelten, und wenn die früheren Besitzer skrupellos genug waren, konnten sie eine Herausgabe des Mädchens bewirken. Harriets Herz schlug ihr bis zum Hals. Sie überlegte krampfhaft, was sie tun konnten.

„Wir sagen Henry Bescheid", sagte sie schließlich. Ihr Bruder war bekannt dafür, dass er vehement gegen die Sklaverei eintrat. Er würde wissen, was zu tun war. „Henry kennt sicher jemanden, der uns helfen kann."

Calvin nickte. „Das ist eine gute Idee. Ich mache mich gleich auf den Weg zu ihm. Und du musst Sarah einschärfen, dass sie unter keinen Umständen das Haus verlassen darf. Ich bin bald wieder zurück."

Harriet eilte in die Küche, wo Sarah und Anna zusammen das Essen vorbereiteten.

„Hört zu", sagte sie zu den beiden, „ich muss euch etwas Wichtiges sagen. Sarah darf bis auf Weiteres nicht mehr aus dem Haus gehen – nicht einmal, um das Wasser auszuschütten oder mit den Kindern im Garten zu spielen. Es könnte sein, dass jemand sie sucht. Jemand von früher." Sie wollte dem Mädchen keine Angst machen, aber es war wichtig, dass sie den Ernst der Lage erkannte. Sarah starrte sie mit großen Augen an, als Harriet sich an sie wandte.

„Du weißt, dass du hier in Ohio frei bist, Sarah. Aber es gibt Leute, die glauben, sie hätten das Recht, ihre früheren Sklaven zurückzuholen, und wir wollen nicht, dass du Schwierigkeiten bekommst. Du brauchst keine Angst zu haben – wir werden dafür sorgen, dass dir nichts geschieht. Aber wir müssen ein bisschen vorsichtig sein."

Sarah nickte stumm. In ihren Augen standen Tränen.

„Komm", sagte Harriet zu ihr und nahm sie bei der Hand. „Wir packen deine Sachen, und wenn der Professor wieder da ist, bringen wir dich an einen sicheren Ort."

Sie gingen hinauf in Annas Kammer, die sie in den letzten Monaten mit Sarah geteilt hatte. „Ma'am?", fragte Sarah, als sie mit Harriet ihre wenigen Habseligkeiten aus der Kommode holte und in einer Tasche verstaute. Ihre Stimme war kaum mehr als ein Flüstern. „Wohin bringen Sie mich denn?"

Harriet blickte auf. Das Mädchen zitterte am ganzen Leibe, und Harriet fragte sich einmal mehr, wie Leute, die sich als Christen bezeichneten, diese armen Menschen so quälen konnten. Sklaven waren ihren Besitzern vollkommen ausgeliefert, und auch wenn sie das Glück hatten, einem Herrn zu gehören, der sie nicht grausam, sondern freundlich behandelte, lebten sie in ständiger Angst, weil sie jederzeit verkauft und ihre Familien auseinandergerissen werden konnten. Auch Sarah war als kleines Mädchen von ihrer Mutter getrennt worden und hatte kaum noch eine Erinnerung an sie. Unwillkürlich musste Harriet an ihre eigene Kindheit denken und daran, wie sehr sie ihre sanfte, schöne Mutter vermisst hatte. Dabei hatte sie selbst eine große Familie gehabt, in der sie sicher und geborgen gewesen war. Sarahs Zukunft sah dagegen sehr ungewiss aus.

Harriet setzte sich auf Sarahs Bett und zog das Mädchen neben sich auf die Bettkante. „Ich weiß auch nicht, wo du in Sicherheit bist", gestand sie. „Aber der Professor ist ein guter Mann. Er wird eine Lösung finden." Sie wusste, dass Calvin alles tun würde, um einem Menschen in Not zu helfen. „Aber jetzt lass uns weitermachen, damit wir fertig sind, wenn er zurückkommt. Ich habe Anna gesagt, sie soll dir etwas zu essen einpacken."

Schweigend packten die beiden Frauen weiter, und kurz darauf hörten sie Männerstimmen im Haus. Sarah zuckte zusammen, und Harriet legte eine Hand auf ihren Arm. „Keine Angst, das sind der Professor und mein Bruder Henry."

Harriet nahm Sarahs Tasche und das Mädchen folgte ihr nach unten, wo die beiden Männer in der Stube warteten.

„Henry – wie gut, dass du gleich kommen konntest." Ihr Bruder war inzwischen ein beinahe ebenso bekannter Prediger wie ihr Vater und Harriet hatte immer eine besondere Nähe zu ihm gespürt. Vielleicht lag es an den vielen Erinnerungen aus ihrer Kindheit in Neuengland, als sie zusammen durch die Wälder gestreift waren oder für die Schule gelernt hatten.

Henry lächelte und küsste sie zur Begrüßung auf die Wange, aber dann wurde seine Miene gleich wieder ernst. „Natürlich helfe ich dem Mädchen. Das ist nicht nur menschlich, sondern eine Christenpflicht – und da kann der Kongress sagen, was er will!" Dann wandte er sich an Sarah. „Weißt du, was die Untergrund-Eisenbahn ist?"

Sarah sah ihn mit großen Augen an. „Wie soll denn das gehen, Sir? Eine Eisenbahn unter der Erde?"

Henry lächelte. „Es ist keine richtige Eisenbahn, sondern eine Gruppe von Menschen, die geflohenen Sklaven helfen, nach Kanada zu kommen. Damit sie frei sind. Es funktioniert wie eine Kette – man wird von einem zum Nächsten gebracht, und das alles geschieht heimlich, sozusagen im Untergrund, wo es niemand sieht."

„Und mir wollen diese Leute auch helfen?"

Henry nickte. „Der Professor und ich werden dich zu einer Familie fahren, die ich gut kenne und die dich dann zum nächsten ‚Bahnhof' bringt, wie sie es nennen."

Harriet legte den Arm um das Mädchen, das sie mit verängstigtem Blick ansah. „Es wird immer jemand bei dir sein, der sich um dich kümmert. Und der gute Gott wird dich auf deinem Weg beschützen."

Henry nickte. „Wir brechen noch heute Nacht auf. Ich sage meinem Kutscher, dass er um Mitternacht den einfachen Wagen bereithalten soll, dann komme ich und hole euch ab. Im Pfarrhaus sind Kisten mit Kleiderspenden, die werden wir aufladen und Sarah dahinter verstecken."

„Ich komme mit", sagte Harriet. Sie wollte helfen und dem verängstigten Mädchen bei der Flucht zur Seite stehen. Doch Henry schüttelte den Kopf. „Das ist für eine Frau zu gefährlich, Hattie." Und als Harriet den Mund öffnete, um zu protestieren, fügte er hinzu: „Außerdem könnte jemand, der uns sieht, Verdacht schöpfen, wenn du mitten in der Nacht in einer Kutsche unterwegs bist. Und du willst doch die Aufmerksamkeit nicht auf uns lenken und das Mädchen in Gefahr bringen."

Harriet musste zugeben, dass er recht hatte. Sie durften kein unnötiges Risiko eingehen.

Die Männer besprachen die letzten Einzelheiten, und dann machte Henry sich wieder auf den Weg nach Hause, um noch einige Stunden zu schlafen.

Calvin und Harriet drängten Sarah, sich ebenfalls hinzulegen, und zogen sich selbst zurück. Sie beteten gemeinsam zu Gott um Schutz für das nächtliche Unternehmen und gingen dann zu Bett. Doch Harriet konnte nicht schlafen. Als sie neben sich das Schnarchen ihres Mannes hörte, stand sie leise wieder auf, schlang ein wollenes Tuch um ihre Schultern und ging in die Küche hinunter, wo der Herd noch einen letzten Rest Wärme ausstrahlte. Sie schlug ihre Bibel auf, legte ein Blatt Papier daneben und nahm den Federhalter zur Hand. Wenn sie Sarah schon nicht auf ihrer Reise ins Ungewisse begleiten konnte, würde sie ihr etwas mitgeben, das sie stärken und trösten konnte, wenn Zweifel und Angst sie überfielen.

Harriet blätterte, bis sie zu Psalm 121 kam, und begann zu schreiben:

Ich hebe meine Augen auf zu den Bergen.
Woher kommt mir Hilfe?
Meine Hilfe kommt vom Herrn,
der Himmel und Erde gemacht hat.
Er wird deinen Fuß nicht gleiten lassen,
und der dich behütet, schläft nicht.

Harriet schloss die Augen und ließ ihr eigenes Gebet mit dem Psalm zum Himmel aufsteigen. Sie hatte keine Ahnung, welchen Gefahren Sarah auf ihrer Reise begegnen würde. Und ebenso wenig wusste sie, was die Zukunft für die vielen Menschen bringen würde, die in entsetzlichem Elend lebten. Die ihr Leben lang behandelt wurden, als wären sie keine Menschen mit Gefühlen und Träumen und Ideen, sondern Tiere, die nur ihrer Arbeitskraft wegen einen Wert hatten. Mit einem Mal kam Harriet sich furchtbar hilflos vor. Was konnte sie schon tun?

In der Stille der Nacht wischte Harriet eine Träne fort.

„Die Mayflower"

„*M*ama?" Hattie blickte von ihrer Puppe auf. „Hm?" Harriet hatte aus dem Fenster auf die sich langsam verändernde Landschaft gesehen. Jetzt waren die ersten Häuser der Stadt aufgetaucht und die Kutsche ratterte über das Kopfsteinpflaster. Es war ein schönes und zugleich schmerzliches Gefühl, in die alte Heimat im Osten zurückzukehren. Sie musste unwillkürlich an ihre geliebte Großmutter denken, die im vergangenen Jahr gestorben war. „Was ist denn, Liebes?", sagte sie jetzt zu ihrer Tochter.

„Hat Tante Mary auch Kinder?"

Harriet lächelte. „Oh ja. Du wirst sie bald kennenlernen. Ihr werdet sicher gut miteinander auskommen." Ihre ältere Schwester Mary war für Harriet immer ein Vorbild gewesen, auch wenn sie ihr nicht so nahe stand wie Catharine oder Henry. Gerade was Haushalt und Kindererziehung betraf, würde Harriet ihr nie das Wasser reichen können. Und wann immer Harriet hin und her gerissen war zwischen Familienpflichten und dem Bedürfnis, sich zurückzuziehen und zu schreiben, verdrängte sie den Gedanken an die Schwester, um kein schlechtes Gewissen zu bekommen. Harriet seufzte. „Du musst aber ganz brav sein und dich gut benehmen. Bei Tante Mary ist es immer sehr ordentlich."

Die sechsjährige Hattie zog eine Grimasse. Von den beiden Zwillingen war sie die quirlige, abenteuerlustige, während ihre Schwester Eliza schüchtern und still war.

„Sieh mal, da vorne ist die alte Schule deiner Tante Cathy." Harriet zeigte auf das Backsteingebäude mit den weißen Säulen und erinnerte sich daran, wie imposant es ihr damals erschienen war.

„Warum ist Tante Cathy denn nicht hiergeblieben?", wollte Hattie wissen.

Harriet zuckte mit den Schultern. „Wir sind damals alle zusammen mit Großvater Beecher in den Westen gezogen – er wollte dort die Menschen, die nicht an Gott glauben, bekehren und gute Christen aus ihnen machen."

„Sind denn hier schon alle Leute gute Christen?"

Harriet lachte. „Nein, wahrscheinlich nicht. Es ist ein bisschen schwierig, das zu erklären, aber manchmal muss man etwas tun, weil man weiß, dass Gott es will. Und so war es bei Großvater auch. Und bei Tante Cathy, als sie ihre Schule gegründet hat – hier in Hartford und dann später in Cincinnati."

Hattie überlegte einen Augenblick und fragte dann: „Musst du denn auch etwas Bestimmtes tun, was Gott will?"

Harriet sah ihre Tochter an. „Jeder Mensch hat eine Aufgabe im Leben – du auch. Aber manchmal dauert es eine Weile, bis man herausfindet, was für eine Aufgabe das ist."

Ihr Blick wanderte wieder zum Fenster und zu den Häusern und Straßen, die draußen an ihr vorbeizogen. Da war sie wieder, diese Frage. Tat sie wirklich das, wozu sie, Harriet Beecher Stowe, berufen war? Ihre Arbeit als Lehrerin hatte sie aufgegeben, als sie Calvin geheiratet hatte, und stattdessen hatte sie jetzt eine eigene Familie und einen Haushalt, für die sie verantwortlich war. Doch immer noch spürte sie eine Unruhe, die sich nur legte, wenn sie an ihrem Schreibtisch saß und schrieb. In letzter Zeit hatte sie nicht nur für religiöse Zeitschriften Artikel verfasst; auch in der führenden Frauenzeitschrift des Landes, *Godey's Lady's Book*, erschienen immer wieder Beiträge von ihr. Und je häufiger ihr Name in solchen Magazinen auftauchte, desto mehr Aufträge erhielt sie. Ja, das Schreiben war es, was sie mit einer tiefen Befriedigung erfüllte, die Haushalt und gesellschaftliches Leben ihr nicht geben konnten. Dabei war es oft schwierig, das eine mit dem anderen zu verbinden. Wenn sie doch nur einen Platz hätte, wo sie ungestört schreiben konnte – ein eigenes Zimmer! Sie würde mit Calvin sprechen …

Nachdem sie an diesem Abend ihre Tochter zu Bett gebracht

hatte, saß Harriet in der Wohnstube am Feuer und unterhielt sich mit ihrer Schwester über die jüngsten Familienneuigkeiten.

„Vater arbeitet zu viel", sagte Mary. „Er und auch Henry glauben, dass eine große Erweckung bevorsteht. Was meinst du dazu? Und wie sieht Calvin das Ganze? Er ist doch auch Theologe."

„Das schon, aber er ist eher ein Wissenschaftler als ein Prediger. Außerdem beschäftigen ihn mehr die politischen Unruhen als die religiösen Bewegungen. Erst im letzten September gab es Kämpfe zwischen Weißen und Schwarzen, und da Kentucky nicht weit von uns entfernt ist, gibt es oft Debatten über flüchtige Sklaven." Harriet erzählte davon, wie Calvin und sie selbst Sarah zur Flucht verholfen hatten, wie sie gezittert und gebetet hatte und dass sie immer wieder an das Elend der Sklaven denken musste.

Mary lauschte mit großen Augen. Als Harriet geendet hatte, sagte sie: „Gott sei gelobt! Calvin ist ein guter Mann, nicht wahr? Und unser Bruder hat wieder einmal bewiesen, dass er auch lebt, was er glaubt."

Harriet nickte. „Da hast du recht. Vielleicht haben Politik und Religion ja doch etwas miteinander zu tun. Obwohl ich mich eigentlich nicht als besonders politisch bezeichnen würde. Mir geht es nur um die Menschen und nicht darum, wer die Macht hat."

„Das ist ja das Problem", wandte Mary ein. „Die Mächtigen maßen sich an, über andere zu richten. Sie tun, was sie wollen, und scheren sich nicht darum, was ihre Christenpflicht ist."

„Aber weißt du denn immer, was richtig ist? Was Gott von dir will? Wie du ihm vollkommen dienen kannst?" *Ob das, was wir tun, gut genug ist?*, fügte sie in Gedanken hinzu.

Mary schüttelte den Kopf. „Nein, das weiß ich auch nicht", gestand sie leise.

Gottes Willen zu tun, das war von klein auf die Aufgabe gewesen, die Harriet und ihre Geschwister erfüllen sollten. Damit ihre

Seelen gerettet wurden, mussten sie sich klaglos in alles fügen, was der Allmächtige für sie bereithielt. Und wie ihre Brüder und Schwestern hatte auch Harriet immer versucht, so vollkommen wie nur möglich zu sein, ja, sie mühte sich noch immer ab, dieses Ziel zu erreichen, obwohl sie sich ihrer Unzulänglichkeiten doch ständig bewusst war. Sie war nicht die engelsgleiche Mutter für ihre Kinder, die sparsame und tüchtige Hausfrau und selbstlose Gefährtin ihres Mannes, die sie hätte sein sollen. Und die alte Angst, sie könnte gewogen und für zu leicht befunden werden, folgte ihr wie ein drohender Schatten durchs Leben.

Die Sonne war gerade erst aufgegangen und der Morgennebel am ersten Apriltag ließ Harriet frösteln, als sie zwei Tage später nach Boston aufbrach. Ihre Tochter Hattie hatte sie in der Obhut ihrer Schwester und im Kreise ihrer Cousins und Cousinen zurückgelassen. Heute würde sie mit einem Verleger sprechen, der eine Geschichtensammlung von ihr veröffentlichen wollte – was eine große Ehre war. Möglich, dass dies das Zeichen war, auf das sie gewartet hatte. Der Beweis dafür, dass das Schreiben ihre Berufung war, trotz aller Ablenkungen und Schwierigkeiten. Und vielleicht waren die Umwege, die sie im Leben zurückgelegt hatte, in Wirklichkeit wichtige Schritte gewesen, um ihre Persönlichkeit als Schriftstellerin zu entwickeln und zu formen.

Harriets Puls ging schneller, als sie daran dachte, dass im nächsten Jahr ein Buch mit ihrem eigenen Namen darauf erscheinen sollte. Calvin war ganz stolz auf sie gewesen, als sie ihm von dem Angebot erzählt hatte. Sie erinnerte sich noch genau an seine Worte: „Du solltest mehr schreiben, Harriet. Du bist eine Schriftstellerin – und sollst es sein, da bin ich ganz sicher. Du hast ein Talent, das der Herrgott dir gegeben hat, und du musst es gebrauchen."

Harriet blickte auf die Tasche hinunter, die sie in der Hand hielt. Sie hatte für den geplanten Band mehrere ältere Erzählungen zusammengestellt und auch einige neue geschrieben, die sie dem Verleger heute überreichen wollte. Was sie jedes Mal mit Staunen und Dankbarkeit erfüllte, war die Tatsache, dass sie mit ihren Beiträgen tatsächlich Geld verdiente – Geld, das sie gut gebrauchen konnten, da sie sich allein mit Calvins Gehalt kaum über Wasser halten konnten.

Kurz nach zwölf betrat sie das imposante Verlagsgebäude und wurde von einem Sekretär empfangen, der sie gleich zum Büro des Verlegers führte. Er klopfte an die schwere Eichentür und öffnete sie dann.

„Mr Robertson, Mrs Beecher Stowe ist hier."

Gleich darauf erschien ein rundlicher Herr mit freundlichem Gesicht im Türrahmen. „Mrs Stowe! Kommen Sie herein, meine Liebe, kommen Sie! Wie schön, dass wir uns endlich persönlich kennenlernen. Miller, bringen Sie uns einen Kaffee – oder möchten Sie lieber ein Glas Wasser, Mrs Stowe?"

Harriet nickte und war sich nicht sicher, ob sie damit dem Kaffee oder dem Wasser zugestimmt hatte. Aber sie war so damit beschäftigt, die Eindrücke in sich aufzunehmen, dass es ihr eigentlich ganz gleichgültig war. Stumm drückte sie die Tasche mit dem Manuskript fest an die Brust und sah sich im vornehmen Büro des Verlegers um. Ein leichter Tabakhauch hing in der Luft und mischte sich mit dem typischen Geruch frisch gedruckter Bücher, die sich auf einem Tisch in der Ecke stapelten. Als Robertson schließlich hinter seinem Schreibtisch Platz nahm, reichte sie ihm den Stapel Papier.

„Hier sind die Geschichten, die ich Ihnen versprochen habe, Mr Robertson. Ich hoffe, sie gefallen Ihnen."

„Oh, das werden sie ganz gewiss, vielen Dank. Es ist mir eine Ehre, die neuen Werke aus der Feder von Harriet Beecher Stowe als Erster veröffentlichen zu dürfen." Er strahlte sie an und Harriet musste unwillkürlich lächeln.

„Das ist sehr freundlich von Ihnen, Mr Robertson, aber ich bin es, die sich geehrt fühlen muss. Ich hoffe, der Erfolg bestätigt Ihr Vertrauen in meine literarischen Fähigkeiten."

„Aber, aber, meine Liebe, ich bin sicher, dass unsere Leser Ihre Geschichten lieben werden. Natürlich kann ich Ihnen für ein solches Erstlingswerk nur bescheidene Tantiemen versprechen, aber ich habe die Erfahrung gemacht, dass beim zweiten Band auch der finanzielle Erfolg zunimmt."

„Ich habe mir auch einen Titel für das Buch überlegt. Wie wäre es mit ‚Die Mayflower'? So heißt eine der neuen Geschichten."

„‚Die Mayflower'? Eine Geschichte über das Schiff der Pilgerväter? Hm, das gefällt mir. Es hat etwas vom Pioniergeist unserer Vorfahren. Ja, warum nicht? Wissen Sie was? Ich werde das Manuskript lesen und darüber nachdenken."

Nachdem sie weitere Einzelheiten wie Termine, Korrekturen und Druck besprochen hatten, verließ Harriet beschwingt das Verlagsgebäude. Ihre Müdigkeit war wie weggeblasen, und die Rückfahrt nach Hartford schien ihr gar nicht so lang wie der Hinweg am Morgen. In Gedanken begann sie bereits den Brief, den sie an Calvin schreiben wollte, wenn sie wieder bei ihrer Schwester war. An Tagen wie diesem hatte sie das Gefühl, alle Schwierigkeiten überwinden zu können. Plötzlich waren die finanziellen Probleme, die zu anderen Zeiten ihre Gedanken beherrschten, lästige, aber unwesentliche Engpässe, die vorübergehen würden. Ihre Gesundheit, mit der es nicht immer zum Besten stand, schien ihr robust genug, um den Alltag mit Haushalt und kleinen Kindern zu bewältigen.

Harriets Gedanken wanderten zu ihrer Familie zu Hause, während sie aus dem Fenster der Kutsche blickte. Ihre Tante Esther wohnte während Harriets Abwesenheit im Haus der Stowes und würde den Professor und die Kinder versorgen. Harriet lächelte. Und ganz bestimmt würde sie besser Ordnung halten als ihre Nichte.

Es war bereits dunkel, als die Postkutsche vor dem Rathaus in Hartford hielt. Mit steifen Gliedern stieg Harriet aus. Sie stellte ihre Tasche ab und hielt Ausschau nach Marys Fahrer, der sie mit dem Wagen abholen sollte. Sie gähnte. Vielleicht musste der Brief an Calvin bis morgen warten ...

Harriet stutzte. Auf dem kleinen Tisch im Salon lag ein ungeöffneter Brief, der in Catharines Handschrift beschrieben und an „Professor C. E. Stowe und Gattin" adressiert war. Harriet nahm den Umschlag, während sie sich darüber wunderte, dass ihre Schwester nicht wie sonst nur an sie selbst schrieb. Sie überlegte kurz, den Brief mit hinauf in das Arbeitszimmer zu nehmen, das sie seit dem Winter endlich ihr Eigen nannte, aber dann entschied sie sich anders. Es waren nur noch wenige Wochen bis zur Niederkunft, und das Treppensteigen raubte ihr gerade in der Sommerhitze zunehmend den Atem. Sie holte den Brieföffner aus der Schublade des kleinen Sekretärs unterm Fenster und löste damit das Siegel, um den Umschlag zu öffnen. Der Brief bestand aus mehreren eng beschriebenen Blättern. Harriet stützte eine Hand in den Rücken, während ihr Blick auf die erste Seite fiel.

Chillicothe, 5. Juli 1843
Liebste Harriet, verehrter Professor,

ich weiß gar nicht, wie ich beginnen soll – wir alle hier sind noch wie gelähmt vor Entsetzen angesichts der Ereignisse der letzten Tage. Es gibt keinen Weg, es Euch schonend beizubringen, und ich hoffe nur, dass Du, liebe Schwester, in Deinem Zustand diesen Schlag verkraften wirst: Unser Bruder George ist nicht mehr.

Harriet starrte auf den Brief. Ihr Mund war mit einem Mal ganz trocken, die Kehle wie zugeschnürt. Sie hielt sich mit unsicherer Hand an der Tischkante fest, während ihr Blick über die nächsten Sätze eilte.

Er hat sich mit einem Jagdgewehr eine tödliche Verletzung zugefügt, und wir konnten nichts mehr für ihn tun, als seine Seele dem großen Gott anzubefehlen und seine Familie zu trösten.

Die Worte verschwammen vor Harriets Augen, als die Nachricht sie mit ganzer Wirkung traf. Sie sank auf einen Sessel, und der Kloß in ihrer Kehle löste sich in einem kurzen, heftigen Schluchzer, der fast wie ein Aufschrei klang. Sie hielt sich die Hand vor den Mund und zwang sich, den Blick wieder auf die Zeilen ihrer Schwester zu richten.

George war morgens vor dem Frühstück mit einer doppelläufigen Flinte hinausgegangen, um die Vögel von den Obstbäumen zu verjagen, und als er nach einer halben Stunde nicht zurück war, hatte man ein Dienstmädchen geschickt, um ihn zu holen. Sie hatte ihn gefunden, mit bleichem Gesicht und einer Schusswunde am Kopf, die sein Leben ausgelöscht hatte.

Catharine sprach es nicht aus, aber Harriet wusste in ihrem tiefsten Innern, dass es kein Unfall gewesen war. Ihr Herz zog sich zusammen, als sie daran dachte, wie verzweifelt ihr Bruder gewesen sein musste, um eine so schreckliche Tat zu begehen. Hatte er den ständigen Druck, vollkommen sein zu müssen, den sie alle von klein auf gespürt hatten, nicht mehr ausgehalten? Oh, sie verstand, was es bedeutete, verzweifelt zu sein. Aber George war immer so fröhlich erschienen, er war beliebt und intelligent gewesen und hatte gewiss ein gottgefälliges Leben geführt. Warum hatte sein Glaube ihn nicht einen anderen Ausweg finden lassen? Wo war Gott in dieser dunklen Stunde gewesen?

Als Calvin eine Stunde später nach Hause kam, saß Harriet noch immer regungslos auf demselben Sessel und starrte vor sich hin. Anna hatte das Essen vorbereitet, die Zwillinge waren ein paar Mal in den Salon gekommen und Harriet hatte mit ihnen gesprochen, aber sie hätte nicht mehr sagen können, worüber.

Calvin hängte seine Jacke an den Haken im Flur und rief zum Salon hinüber: „Harriet, meine Liebe, du kannst dir gar nicht vorstellen, wie hungrig ich bin. Gibt es bald Abendessen?" Als sie nicht antwortete, streckte er den Kopf durch die Tür. „Harriet? Was ist los?"

Sie schüttelte nur wortlos den Kopf und reichte ihm den Brief, den sie die ganze Zeit nicht aus der Hand gelegt hatte. Calvin nahm ihn und zog sich einen Stuhl heran. Während er las, verdüsterte seine Miene sich immer mehr. Ohne den Blick von seiner Lektüre abzuwenden, streckte er die Rechte aus und ergriff Harriets Hand. Es tat gut, seine Nähe zu spüren, auch wenn er die Leere, die sich in ihr ausgebreitet hatte, nicht füllen konnte.

Als Calvin zu Ende gelesen hatte, saßen sie lange schweigend da. Dann murmelte er: „Da sieht man, wohin dieser unglückselige Perfektionismus führt."

Harriet hob langsam den Blick und sah ihren Mann an. Bislang hatte sie ihren Gefühlen keinen freien Lauf gelassen, doch jetzt rannen ihr die Tränen über die Wangen. Und während sie weinte, wurde ihr bewusst, dass ihre Tränen nicht nur dem Bruder galten, den sie verloren hatte. Sie weinte ebenso sehr um ihre eigene Seele, um das, was sie geglaubt und gepredigt hatte, den Ehrgeiz, der sie angetrieben hatte.

Ihr Leben lang hatte sie sich bemüht, eine gute Christin zu sein. Sie hatte versucht, sich der Liebe Gottes würdig zu erweisen und immer besser, vollkommener zu werden. Wann immer ihr Vater stolz auf sie gewesen war, hatte sie das Gefühl gehabt, es schaffen zu können, irgendwann.

Und jetzt? War sie all die Jahre einem falschen Ziel nachgejagt? War die verzweifelte Tat ihres Bruders nicht der Beweis dafür, dass es unmöglich war, Gottes Maßstäben gerecht zu werden? Wie konnte sie angesichts dieses tragischen Ereignisses so tun, als wäre nichts geschehen? Nein, sie würde sich nicht klaglos in ihr Schicksal fügen, wenn Gottes Wille so aussah. Sie fröstelte trotz der sommerlichen Temperaturen.

„Wie kann Gott nur so viel Leid zulassen?", flüsterte sie und hob den tränenverschleierten Blick zu ihrem Mann auf. „Sag, Calvin, ist Gott so herzlos, dass er unsere Bemühungen gar nicht sieht?"

Calvin schüttelte den Kopf und dachte lange nach, bevor er sprach. „Gott ist nicht herzlos, Harriet. Er liebt uns. Auch wenn er nicht immer zu unseren Gunsten eingreift. Er leidet mit uns, auch wenn es uns nicht bewusst ist."

„Aber wie sollen wir denn seine Herrlichkeit erkennen, wenn er uns so leiden lässt? Wie sollen wir seinen Willen tun, wenn er uns nur Steine in den Weg legt?" Ihre Stimme klang bitter, aber sie konnte den Zorn, der in ihr aufstieg, nicht zurückhalten. Dann wischte sie die letzten Tränen fort und erhob sich mühsam. „Ich habe keinen Hunger. Anna soll dir das Essen bringen. Ich kümmere mich um die Kinder und gehe dann schlafen."

Harriet war froh, dass der Professor sie nicht zurückhielt. Sie musste allein sein, allein mit ihren Gedanken, allein mit den Zweifeln und Ängsten, die in ihr tobten. Als sie kurz darauf das eheliche Schlafzimmer betrat, fiel ihr Blick auf die Bibel, die wie immer auf ihrem Nachttisch lag. Aber sie nahm sie nicht in die Hand. Das sonst so tröstliche Buch schien sie heute feindselig, vorwurfsvoll anzustarren, und sie wandte den Blick ab. *Warum, Herr? Was verlangst du von uns?*

Sie sank vor dem Bett auf die Knie und vergrub das Gesicht in den Händen. Ihr Gebet war ohne Worte, ein lautloser Schrei zu ihrem Schöpfer, der ihr in diesem Augenblick so fern schien wie nie zuvor. Lange kniete sie so auf dem harten Fußboden, reglos, beinahe wie erstarrt. Ihre Glieder begannen zu schmerzen, doch noch immer rührte sie sich nicht. Fast schien es ihr, als wäre der körperliche Schmerz leichter zu ertragen als der Schmerz in ihrer Seele. Ach, wenn sie den Kummer doch nur dadurch betäuben könnte!

Plötzlich tauchte vor ihrem geistigen Auge unerwartet das Kreuz auf. Der geschundene Leib Christi, die blutenden Hände und Füße – zum Greifen nah schienen sie ihr. Der Unschuldige, der durch die Hand von Menschen starb, litt unermessliche Qualen. Aber sein Blick war voller Liebe. Voller Liebe zu den Menschen, deren Schuld er auf sich genommen hatte. Und mit einem Mal spürte Harriet, wie ihr Herz leichter wurde. Die Traurigkeit blieb, aber die Verzweiflung schwand immer mehr, je länger sie den Gottessohn ansah.

Verwirrt öffnete sie die Augen. „Ist es das, was du willst, Herr?", flüsterte sie in die Dämmerung hinein. „Soll ich mich der Not dieser Welt annehmen, so wie du es getan hast? Soll ich in all meiner Unvollkommenheit deine Liebe weitergeben?" Sie lauschte, als erwartete sie, eine Stimme zu hören, die ihr antwortete. Aber tief in ihrem Herzen kannte sie die Antwort bereits. Ein tiefer Friede erfüllte sie und die Worte, die jetzt in ihr aufstiegen, waren voller Dankbarkeit und Ehrfurcht gegenüber dem großen Gott, der sie liebte, wie sie war.

Cincinnati, 2. September 1843
Meine liebste Freundin,
ich habe großartige Neuigkeiten. Meine kleine Tochter ist seit zwei Wochen auf der Welt. Und weißt Du, wie sie heißt? Du wirst es nie erraten: Georgiana May – so wie Du! Wenn es ein Junge geworden wäre, hätte ich ihn George genannt, nach meinem armen Bruder – ich habe Dir ja von den traurigen Ereignissen geschrieben. Aber da mir ein kleines Mädchen geschenkt wurde, kann ich nun euch beiden auf einen Streich die Ehre erweisen. Und die kleine Georgiana ist ganz allerliebst, das müssen selbst die Leute zugeben, die nicht schon aus elterlicher Pflicht den Nachwuchs preisen.
Ich kann Dir übrigens berichten, dass ich bei keinem anderen

meiner Kinder so gelassen war, wie ich es jetzt bei Georgiana bin –
dabei ist sie oft krank und hält mich nächtelang wach. Ob es daran
liegt, dass ich endlich zu meiner Unvollkommenheit stehen kann?
Ich werde nie die perfekte Mutter sein, die ich immer sein wollte.
Aber Gott hat mir in meinen dunkelsten Stunden die Gewissheit
geschenkt, dass er mich gebrauchen will – mit all meinen Fehlern
und Schwächen. Ich weiß kaum, wo mir der Kopf steht vor lauter
Arbeit: Allein mit dem Nähen der Kleider für die Kinder könnte
ich den ganzen Tag zubringen. Aber ich will meiner Familie die-
nen, so gut ich kann, und alles andere muss der Allmächtige richten.

Dieses Jahr hat viel Leid über unsere Familie gebracht. Und es
gibt so viele Familien, die von Krankheit und Elend erschüttert
werden! In meinen Artikeln im New York Evangelist versuche ich,
auf Ungerechtigkeiten und Missstände hinzuweisen und die Men-
schen wachzurütteln, damit sie unserem Herrn Jesus nachfolgen
mögen. Gibt es eine größere Aufgabe als diese?

Meine liebe Georgiana, ich wünschte, wir könnten uns sehen
und nächtelang reden, wie wir es früher getan haben, aber Du hast
ebenso wie ich eine Familie und entsprechende Verpflichtungen.
Bitte schreibe mir bald, damit ich weiß, wie es Dir und den Deinen
geht.

Deine
Harriet

Langsam faltete Harriet den Brief zusammen. Die Stunden, in
denen sie in ihrem Zimmer saß und Briefe oder Zeitungsartikel
oder Geschichten schrieb, waren für sie Oasen in einem häu-
fig zermürbenden Alltag. Die Kinder waren oft krank und das
Geld war knapper als je zuvor, sodass sie sich neben Anna keine
weitere Hilfe im Haus leisten konnten. Wenn sie die liebens-
werte, zuverlässige Anna nicht hätte … Doch sie würde sich
nicht beklagen. Wann immer sie daran dachte, dass jenseits des
Ohios Müttern ihre Kinder gewaltsam entrissen wurden, dankte
sie Gott von ganzem Herzen dafür, dass sie mit ihrer Familie

in Freiheit leben und lieben durfte. Sie konnte für ihre Kinder sorgen und brauchte keine Angst zu haben, auf grausame Weise von ihnen getrennt zu werden. Gegen dieses große Glück verblassten alle finanziellen und gesundheitlichen Schwierigkeiten, mit denen sie und der Professor zu kämpfen hatten.

Nachdem sie den Brief adressiert und versiegelt hatte, blieb Harriet noch einen Augenblick sitzen und ließ den Blick durch ihr kleines Arbeitszimmer schweifen. Ein Regal mit Büchern stand in der einen Ecke, vor dem Fenster stapelten sich Zeitungen auf einem kleinen Tisch neben einem alten, abgewetzten Sessel. Der Dielenboden war mit einem unscheinbaren, aber dicken Teppich bedeckt und für das Fenster hatte Harriet neue Vorhänge genäht. Im Mittelpunkt befand sich jedoch der Schreibtisch, an dem sie jetzt saß. Calvin hatte ihr das wundervolle, mit Schnitzereien und Intarsien versehene Möbelstück geschenkt. Er unterstützte wie kein Zweiter ihre schriftstellerische Arbeit, und sie rechnete es ihm hoch an, dass er Unordnung oder ungestärkte Hemden in Kauf nahm, wenn sie über dem Schreiben ihre häuslichen Pflichten vergaß.

Sie musste wieder einmal an seine Worte denken, mit denen er ihr Mut gemacht hatte, eine literarische Karriere zu verfolgen. „Gott hat es in sein Buch geschrieben, dass du Schriftstellerin werden sollst, und wer sind wir, dass wir Gott widersprechen könnten? Du musst deshalb alles daransetzen, den Rest deines Lebens mit dem Federhalter zu verbringen."

Dann hörte Harriet schnelle kleine Schritte auf der Treppe und sie wusste, dass ihre kurze Atempause vorüber war. Sie legte Papier und Feder zur Seite. Gleich darauf kam der fünfjährige Henry zur Tür hereingestürmt und rief atemlos: „Komm schnell, Mama, das Baby weint!"

Harriet stand auf und nahm lächelnd die Hand ihres Sohnes. „Tja, so ist das bei Neugeborenen. Sie können ja noch nicht sagen, was ihnen fehlt. Du hast auch oft geweint, als du so klein warst wie Georgiana." Und als der Junge sie mit großen Augen ansah, fügte sie hinzu: „Aber jetzt bist du schon so groß, dass du mir helfen kannst. Komm, wir gehen und kümmern uns um deine Schwester, in Ordnung?"

Hand in Hand gingen die beiden die Treppe hinunter, während die zarte Stimme der kleinen Georgiana immer lauter wurde. Gott mochte ihr die Begabung geschenkt haben, Menschen mit ihren Geschichten zu berühren. Aber er hatte ihr auch eine Familie geschenkt, für die sie sorgen würde, so gut sie es vermochte.

Das Buch, das alles veränderte

*A*bendnachrichten! Rückschlag für Sklavereigegner! Die Abendausgabe des Times Record, nur ein Cent!"

Harriet winkte den Zeitungsjungen zu sich und gab ihm die verlangte Münze, woraufhin er ihr die druckfrische Zeitung in die Hand drückte.

„Danke, Ma'am, und einen schönen Tag noch", sagte er höflich und erhob dann wieder die Stimme: „Abendnachrichten! Lesen Sie alles zum neuen Gesetz über flüchtige Sklaven!"

Harriet überflog die erste Seite der Brunswicker Tageszeitung, bis ihre Blicke den Bericht gefunden hatten. Sie beachtete kaum die vorbeikommenden Pferde und Wagen, als sie die Straße überquerte, und der ärgerliche Ausruf eines Kutschers, der ihr ausweichen musste, verhallte ungehört.

Sie hatten es also wahr gemacht. Vom Beginn des kommenden Jahres an würde jeder Bewohner der nördlichen Bundesstaaten per Gesetz gezwungen sein, zum Sklavenjäger zu werden. Wer nicht aktiv daran mitwirkte, geflohene Sklaven den Behörden und damit ihren oft skrupellosen Herren auszuliefern, machte sich strafbar. Menschen, die jahrelang frei gewesen waren, würden jetzt wieder in Angst und Schrecken leben. Wie konnten die Politiker so etwas nur zulassen? Was war aus den hehren Zielen der Gründerväter geworden, die für die Freiheit und Unabhängigkeit der Amerikaner gekämpft hatten?

Harriets Herz schlug ihr bis zum Hals, während sie die Schritte beschleunigte. Weil es ein sonniger und warmer Septembertag war, hatte sie beschlossen, zu Fuß zum Haus der Uphams zu gehen, wo sie an diesem Nachmittag gemeinsam mit anderen Professorengattinnen zum Tee eingeladen war. Calvin hatte erst vor Kurzem die Stelle hier im Bundesstaat Maine angenommen, und es war wichtig, dass Harriet ihn durch Einladungen und

Besuche unterstützte. Doch nach einem Teekränzchen mit höflichem, aber oberflächlichem Geplauder war ihr jetzt gar nicht mehr zumute.

Als sie ein wenig außer Atem das Haus ihrer Bekannten erreichte, klopfte sie stürmisch an die Tür. Der Diener, der ihr öffnete, zog fast unmerklich die Augenbrauen hoch, als er Harriets gerötete Wangen und die leicht verrutschte Haube sah.

„Guten Tag, Jenkins. Mrs Upham erwartet mich. Ist sie im Salon?" Harriet reichte dem Hausdiener ihre Handschuhe und den Hut, den sie sich ungestüm vom Kopf riss. Dann durchquerte sie, ohne eine Antwort abzuwarten, mit der Zeitung unterm Arm die Eingangshalle und betrat den Salon, aus dem Stimmen auf den Flur drangen.

„Meine liebe Mrs Stowe!" Die Gastgeberin löste sich aus einer Gruppe Damen und kam auf sie zu. „Schön, dass Sie es einrichten konnten. Kommen Sie, ich stelle Ihnen die anderen vor." Sie nahm Harriet bei der Hand und zog sie mit sich. „Mrs Williams kennen Sie ja schon, sie hat ihre Tochter Isabel mitgebracht." Sie nannte der Reihe nach die Namen der Anwesenden und sagte zum Schluss: „Und dies ist die Frau von Professor Stowe, der im kommenden Semester am Bowdoin College unterrichten wird. Mrs Stowe ist Schriftstellerin."

Harriet nickte ungeduldig in die Runde. Sie hatte keine Zeit für gesellschaftliche Etikette. „Haben Sie schon die Abendnachrichten gelesen, Mrs Upham?" Sie hielt die zusammengefaltete Zeitung hoch. „Der Kongress hat beschlossen, dass wir alle uns an der Hetzjagd auf geflohene Sklaven beteiligen sollen. Wenn wir diese Menschen nicht anzeigen, können wir selbst bestraft werden! Aber wie können wir das als Christen tun? Wir müssen etwas gegen diese Ungerechtigkeit unternehmen!"

Die anderen Frauen starrten sie an, als hätte Harriet vorgeschlagen, sie sollten alle ihre Ehemänner verlassen oder etwas ähnlich Unerhörtes tun.

„Nun regen Sie sich nicht auf, meine Liebe", sagte ihre Gastgeberin. „Die Politiker werden schon wissen, was richtig ist. Solche Entscheidungen überlassen wir doch lieber den Männern."

„Was richtig ist?" Harriet schüttelte den Kopf. „Vielleicht müssen wir die Entscheidung über Gesetze den Männern überlassen, aber als Christinnen haben wir die Pflicht, unsere Stimme zu erheben, wenn ein Unrecht geschieht, und ich habe vor, genau das zu tun. Wenn es sein muss, werde ich sogar an den Präsidenten schreiben! Und ganz gewiss werde ich alles tun, um den bemitleidenswerten Schwarzen zu helfen, so weit es in meiner Macht steht. Sollen sie mich doch ins Gefängnis werfen!" Ihre Wangen glühten jetzt vor Eifer und es war ihr gleichgültig, dass die anderen Frauen sie verständnislos oder entsetzt anstarrten. Freiheit und Gerechtigkeit standen auf dem Spiel, und auch wenn sie eine Frau war, die keine politische Macht hatte, würde sie nicht tatenlos zusehen, wie Menschen gegeneinander aufgehetzt wurden, um das Unrechtssystem der Sklaverei aufrechtzuerhalten.

Mrs Upham schwieg betreten. Harriet musste sich beherrschen, die Teetasse, die das Mädchen ihr gereicht hatte, nicht auf den nächstbesten Tisch zu stellen und zu gehen. Aber es war niemandem gedient, wenn sie die anderen vor den Kopf stieß. Harriet war erst seit einigen Monaten in Brunswick und konnte Verbündete gebrauchen. Auch wenn sie manchmal nicht sicher war, ob sie diese Frauen jemals auf ihre Seite bringen würde.

Nach achtzehn Jahren in Cincinnati, wo sie die Auswirkungen der Sklaverei im benachbarten Kentucky hautnah miterlebt hatte, war Harriet überrascht, wie wenig sich die Menschen in ihrer neuenglischen Heimat für dieses Thema interessierten. Sie würde sich mit kleinen Schritten begnügen müssen, wenn sie ihre neuen Bekannten davon überzeugen wollte, gegen das Unrecht der Sklaverei aufzustehen.

„Mrs Upham", wandte sie sich an ihre Gastgeberin, nachdem diese ihr einen Teller mit Gebäck gereicht hatte, „angenommen, eine geflohene Sklavin käme mit ihrem Baby zu Ihnen und bäte

Sie um Hilfe – würden Sie dann das Gesetz befolgen? Würden Sie die beiden der Polizei und ihren Besitzern übergeben? Würden Sie diese verzweifelten Menschen, die sich aneinanderklammern und ständig Angst haben müssen, dass sie auseinandergerissen werden, ihrem grausamen Schicksal überlassen?"

Mary Upham blickte zu Boden und schwieg lange. Dann schüttelte sie langsam den Kopf. „Ich glaube nicht, dass ich das könnte."

Harriet legte eine Hand auf den Arm der anderen Frau, und ihre Stimme klang jetzt milder. „Ich weiß, dass Sie ein gutes Herz haben – folgen Sie ihm."

Klamme Luft und der Geruch von Kerzen und Kälte schlugen Harriet entgegen, als sie die schwere Tür leise hinter sich zuzog. Der Gottesdienst in der Kirche des Colleges hatte bereits begonnen und die meisten der hohen Bänke waren belegt. Harriet blickte sich um und fand in der vorletzten Reihe ganz außen noch einen freien Platz. Leise schob sie sich in die Bank und legte das Gesangbuch vor sich auf die Ablage. Dann schloss sie die Augen und lauschte den Worten des Universitätspfarrers, der gerade seine Predigt begonnen hatte.

Harriet hätte später nicht mehr sagen können, wann ihre Gedanken abgeschweift waren, aber während der Gottesdienst um sie herum weiterging, sah sie im Geiste eine Szene vor sich, die wie aus dem Nichts vor ihr aufstieg.

Ein alter Mann liegt auf einem einfachen Lager in einem Schuppen. Seine dunklen Gesichtszüge sind reglos, die Augen sind geschlossen. Sein Atem geht flach und keuchend und seine zerrissenen Kleider schützen ihn kaum vor der Kälte. Dann tritt ein elegant gekleideter weißer Mann an das Bett des Sklaven und beugt sich über ihn.

„Onkel Tom! Wach auf – sprich mit mir! Ich bin es, Master George – erinnerst du dich an mich?"

Der alte Mann regt sich und schlägt die Augen auf. Dann erhellt sich seine Miene. „Master George? Sie sind gekommen? Gott segne Sie! Jetzt kann ich ruhig sterben."

Der Besucher schüttelt heftig den Kopf. „Nein, du darfst nicht sterben! Ich bin gekommen, um dich zurückzukaufen und nach Hause zu holen."

„Nein, Master, Sie sind zu spät. Der Herr hat mich gekauft und holt mich jetzt nach Hause – und ich freue mich darauf. Der Himmel ist besser als Kentucky!"

Eine Weile sitzt der junge Besucher noch am Lager des Sklaven, voller Kummer angesichts des Leids, das man dem guten Geist seiner Kindheit angetan hat. Dann beginnt Tom tief und schwer zu atmen, und seine Miene ist die eines Siegers, als er flüstert: „Wer ... wer kann uns scheiden von der Liebe Christi ..." Ein Geräusch ließ Harriet aufhorchen. Es klang wie ein Schluchzen, aber als sie sich unauffällig umsah, konnte sie nicht entdecken, woher das Geräusch gekommen war. Es dauerte einige Augenblicke, bis ihr bewusst wurde, dass der Laut ihrer eigenen Kehle entstiegen war. Sie sank auf das nackte Holz der Kniebank und vergrub das Gesicht in den Händen. Sie zitterte am ganzen Körper, so sehr hatte diese Vision sie erschüttert. *Herr, was verlangst du von mir?*

Den Rest des Gottesdienstes nahm Harriet nur noch verschwommen wahr, so sehr war sie in ihre stille Zwiesprache mit Gott vertieft. Doch als die Gemeinde sich zum letzten Choral erhob, wusste sie, was sie zu tun hatte. Gott hatte ihr einen Weg gezeigt, wie sie ihre Stimme erheben konnte. Sie musste über das Elend der Schwarzen im Süden schreiben, musste das Unrecht, das ihnen angetan wurde, so schildern, dass es das Herz anrührte. Und dazu musste sie von diesen Menschen erzählen, von ihrem Schicksal, ihren Ängsten und Hoffnungen.

Zu Hause angekommen, eilte sie gleich in ihr Arbeitszimmer. Sie holte Papier und Feder aus der Schublade ihres Schreibtischs und fing an, die Szene, die sich so plastisch vor ihrem geistigen Auge abgespielt hatte, aufzuschreiben. Seite um Seite füllte sie, bis sie kaum eine Stunde später die Feder sinken ließ und sich erschöpft auf ihrem Stuhl zurücklehnte.

„Mama?"

Harriet drehte sich um und sah ihre Tochter Eliza in der Tür stehen. Sie lächelte das Mädchen an. Die Zwillinge waren mit ihren vierzehn Jahren noch immer so unterschiedlich wie Tag und Nacht. Eliza war groß gewachsen, aber sehr schmal, sodass sie irgendwie zerbrechlich wirkte, während ihre Schwester Hattie rundlich und robust war. „Ja, Liebes, was ist denn?"

„Anna fragt, ob sie das Essen auftragen soll."

Harriet erhob sich von ihrem Stuhl. „Sag ihr, dass wir in zehn Minuten essen können. Und du und Hattie, ihr kümmert euch bitte um die Kleinen. Ich komme gleich."

Eliza nickte und ging, um die Nachricht zu überbringen. Währenddessen schob Harriet die Blätter, die sie gerade beschrieben hatte, zu einem ordentlichen Stapel zusammen. Ihre Tochter hatte sie auf eine Idee gebracht. Sie würde den Zwillingen die Szene vorlesen. Normalerweise hätte sie Calvin nach seiner Meinung gefragt, aber der war auf Reisen. Und wenn sie wollte, dass die Herzen der Menschen berührt wurden, konnte sie genauso gut mit ihren eigenen Kindern beginnen.

Nach dem Essen saß Harriet mit den Mädchen in der guten Stube, während die kleineren Kinder ihren Mittagsschlaf hielten. Anna hatte Holz nachgelegt, sodass die Flammen im Kamin hell loderten. Hattie und Eliza hatten Wolldecken um ihre Beine geschlagen und Harriet rückte ihren Sessel näher ans Feuer. Sie nahm die Manuskriptseiten, die sie aus ihrem Zimmer geholt hatte, und begann zu lesen.

„Seit dem verhängnisvollen Abend waren zwei Tage vergangen, und seither lag Tom auf seiner Matratze. Er litt nicht, denn jeder Nerv war abgestumpft und zerstört. Meist lag er ganz benommen da …"

Es dauerte nicht lange und die Zwillinge lauschten gebannt der Erzählung. Als Harriet las, wie der alte Tom seinen letzten Atemzug tat, flüsterte Hattie: „Oh nein!", und schlug die Hand vor den Mund. In Elizas Blick lag stummes Entsetzen. So unterschiedlich die Mädchen auch waren – das Schicksal des alten Sklaven ergriff sie beide so, dass ihnen die Tränen über die Wangen liefen.

„Sei mein Zeuge, ewiger Gott", sagte George, als er am Grab seines armen Freundes kniete, „sei mein Zeuge, dass ich von dieser Stunde an alles tun werde, was ein einzelner Mensch tun kann, um diesen Fluch der Sklaverei aus meinem Land zu vertreiben!"

Als Harriet geendet hatte, schien die Zeit stehen geblieben zu sein. Das Feuer knisterte im Kamin und die drei schwiegen lange. Es war, als erfüllte der Geist des alten Tom den Raum, und keine von ihnen wollte diesen Bann brechen.

Dann brach es aus Hattie heraus. „Oh Mama!", rief sie. „Die Sklaverei ist das Schrecklichste und Grausamste, was es auf der Welt gibt."

Harriet nickte und sie hatte selbst Tränen in den Augen. „Ihr dürft nie vergessen, welches Unrecht wir diesen Menschen angetan haben." Sie senkte den Blick und fügte leise hinzu: „Möge Gott uns diese Schuld vergeben."

Wenige Tage später saß Harriet in ihrem Zimmer und schrieb einen Brief an ihren Bruder Henry, als sie auf dem Flur die Stimme ihres Mannes vernahm. Sie stand auf, um ihn zu begrüßen, aber in diesem Augenblick öffnete sich bereits die Tür und der Professor stand vor ihr. Mit zwei Schritten war er bei Harriet und schloss sie in die Arme. Er drückte sie an sich, als wollte er sie nie wieder loslassen.

„Ich habe dich vermisst", flüsterte er. „ Du bist die wunderbarste Frau, die ich kenne."

Nach fünfzehn Jahren Ehe schlug Harriets Herz immer noch schneller, wenn Calvin sie so ansah. Sie konnte es kaum erwarten, bis die Kinder im Bett waren und sie mit ihrem Mann allein sein konnte. Tief atmete sie den vertrauten Geruch seiner Kleider und seines Rasierwassers ein. Dann hob sie das Gesicht zu ihm auf und presste ihre Lippen auf seinen Mund, und er erwiderte ihren Kuss ebenso leidenschaftlich.

Als sie sich voneinander lösten, fiel Calvins Blick auf die vielen eng beschriebenen Blätter, die sich auf dem Schreibtisch seiner Frau stapelten. Er sah sie neugierig an. „Hast du etwas Neues geschrieben?"

Harriet nickte. „Die Geschichte handelt von einem Sklaven in Kentucky, der von seinem Herrn verkauft wird. So wie es bei Josiah Henson war – du erinnerst dich doch an das Buch, in dem der schwarze Prediger vor ein paar Jahren seine Geschichte erzählt hat? Ich musste an ihn denken, als ich anfing, meinen Onkel Tom zu erschaffen. Ich weiß noch nicht genau, was ich damit machen werde, aber es drängt mich einfach, über diese Menschen und die schreckliche Sklaverei zu schreiben." Sie ging zu ihrem Schreibtisch und setzte sich. „Ich habe gerade an Henry geschrieben und mich darüber beklagt, wie viele Leute, die sich Christen nennen, nichts gegen dieses Unrecht tun. Selbst die Pastoren auf den Kanzeln sprechen oft keine klaren Worte. Aber Henry wird nicht den Mund halten, das weiß ich. Selbst Catharine ist wütend, weil die meisten Menschen so gleichgültig sind."

Calvin trat näher. „Ihr Beechers seid eben ein ganz besonderes Völkchen", sagte er lächelnd, während er die erste Seite von Harriets Manuskript in die Hand nahm. „Darf ich?"

„Natürlich – ich wäre froh, deine Meinung zu hören."

Der Professor begann zu lesen und Harriet reichte ihm den restlichen Stapel. Blatt für Blatt las er und vertiefte sich dabei immer mehr in die Lektüre, bis er die letzte Seite gelesen hatte. Dann sah er Harriet an und in seinem Blick lagen Stolz und Liebe zugleich.

„Das ist gut. Ich glaube, daraus kannst du etwas machen."

Harriet lächelte. Calvin war ein kritischer Leser, und wenn er so etwas sagte, meinte er es auch. „Das habe ich auch vor", erwiderte sie.

Harriet blickte auf, als Anna in die Stube kam. Das Mädchen reichte ihr einen Stoß Briefe. „Die Post ist gekommen, Ma'am."

Harriet seufzte. „Danke, Anna." Das Mädchen konnte schließlich nichts dafür, dass es beinahe täglich schlechte Nachrichten überbrachte. Harriet betrachtete die Absender, die auf den Umschlägen vermerkt waren, und legte die ersten fünf Briefe einen nach dem anderen zur Seite. Rechnungen. Sie würde sich später darum kümmern. Alles wäre einfacher, wenn das große Haus nicht so viel Geld verschlingen würde – das Gehalt des Professors reichte schon lange nicht mehr für die Handwerkerrechnungen, die beinahe jeden Monat zusätzlich zu den laufenden Kosten anfielen. Es war von Anfang an ein Risiko gewesen, aber Harriet war es leid gewesen, so beengt zu leben, wie sie es in Cincinnati getan hatten. Jetzt bereute sie manchmal, sich nicht für ein bescheideneres Heim entschieden zu haben. Harriet war nur froh, dass sie durch ihre Artikel in verschiedenen Magazinen und Zeitungen ein ganz ansehnliches Einkommen hatte.

Der letzte Umschlag war dicker als die anderen. Er war von Hand beschriftet, und in der rechten oberen Ecke war der Poststempel zu sehen: 15. März 1851. Harriet drehte den Brief um, und als sie den Absender sah, riss sie ihn ungeduldig auf. Vor einer Woche hatte sie Dr. Bailey geschrieben und gefragt, ob er Interesse an einer mehrteiligen Geschichte für seine wöchentliche Zeitschrift *National Era* habe. Das Hauptanliegen des Blattes war die Abschaffung der Sklaverei, aber sein Erfolg war sicherlich ebenso der Tatsache zuzuschreiben, dass es politische Themen mit Nachrichten aus der Region und aus aller Welt und mit literarischen Beiträgen verband – der ideale Ort also für Harriets Geschichte.

Sie überflog Dr. Baileys Schreiben, und schon bald erhellte sich ihre Miene. „Calvin!" Harriet sprang auf, riss die Tür auf und lief die Treppe hinauf zum Arbeitszimmer ihres Mannes. „Sie nehmen die Geschichte! Die *National Era* will Onkel Tom abdrucken!"

Calvin blickte auf, als sie sein Studierzimmer betrat. „Das ist wunderbar, Harriet. Ich bin sicher, dass es ein Erfolg wird."

Harriet ließ sich in den Sessel fallen, der vor dem Schreibtisch des Professors stand. „Die erste Folge soll im Juni erscheinen – ich muss sobald wie möglich weiterschreiben."

„Wie viele Kapitel hast du denn schon fertig?", fragte Calvin.

„Drei. Und wenn jede Woche eines erscheinen soll …" Sie erhob sich und ging vor dem Schreibtisch auf und ab, während sie mit den Fingern die Wochen zählte, die ihr noch blieben, bis sie die nächsten Kapitel vorlegen musste. „Ich muss sofort anfangen."

Calvin legte die Hände auf ihre Schultern. „Nun mach dir keine Sorgen. Du wirst das schon schaffen. Du hast noch immer erreicht, was du dir vorgenommen hast." Es klang bewundernd und vielleicht auch ein bisschen wehmütig.

Harriet gab ihrem Mann einen Kuss. „Du hast recht. Ich sollte mich nicht verrückt machen." Sie strich mit den Fingern über den Brief in ihrer Hand. „Ich weiß nicht, wieso, aber diesmal ist es anders als sonst, wenn ich etwas von meinen Arbeiten an eine Zeitschrift verkaufe. Ich habe das Gefühl, dass diese Geschichte bedeutender ist als alles andere, was ich jemals geschrieben habe."

Calvin schloss die Arme um sie und ließ das Kinn auf ihren Haaren ruhen. „Vielleicht liegt das daran, dass du etwas gefunden hast, was dir wirklich wichtig ist. Ich sehe doch, wie nahe dir das Schicksal dieser Menschen geht."

Harriet nickte langsam. „Vor allem, wenn ich an die Mütter

denke. Weißt du, die Eliza in meiner Geschichte – wie sie mit nackten Füßen von einer Eisscholle zur nächsten springt, um den Fluss zu überqueren und die Freiheit am anderen Ufer zu erreichen – was sie erlebt, ist schreckliche Wirklichkeit! Ich habe von solchen verzweifelten Taten gelesen, davon erzählen hören. Eliza steht für alle Mütter. Sie tut alles, um nicht von ihrem Kind getrennt zu werden. Ich weiß ..."

Ihre Stimme versagte, als der Schmerz sie wie ein Messer durchfuhr. Sie wusste, was es bedeutete, ein geliebtes Kind zu verlieren. Der kleine Samuel Charles war ihr nicht von Sklavenhändlern entrissen worden, sondern von einem, der noch mächtiger und grausamer war. Es war noch keine zwei Jahre her, dass der Tod ihren kleinen Sonnenschein geraubt hatte, und die Traurigkeit war seither nie weit entfernt.

Doch seit sie angefangen hatte, in der Geschichte von Onkel Tom und Eliza und all den anderen das Leben der Sklaven in den Südstaaten zu beschreiben, spürte sie zum ersten Mal wieder so etwas wie inneren Frieden. Vielleicht hatte Gott ihr endlich etwas gegeben, das die Leere in ihrem Herzen ausfüllen konnte.

Harriet blickte zu Calvin auf und lächelte trotz ihrer Tränen. „Danke, dass du an mich glaubst. Wenn du nicht gewesen wärest, hätte ich mir das alles nicht zugetraut, glaube ich." Sie löste sich aus seiner Umarmung und ging zur Tür. Dort wandte sie sich noch einmal um und blickte ihren Mann liebevoll an. „Ich kann mich wirklich glücklich schätzen."

Es roch nach Schnee, als Harriet aus dem Haus trat. Sie atmete tief die kalte Luft ein und zog das große wollene Umschlagtuch fester um ihre Schultern. Erst jetzt wurde ihr bewusst, wie sehr sie es vermisst hatte, den blauen Himmel über sich zu sehen und den Wind im Gesicht zu spüren, der vom Meer herüberwehte. Wie lange hatte sie nicht mehr die knarrenden Kutschen und Wagen, die fröhlichen Rufe der Kinder oder das Schnauben der Pferde in den Straßen der Stadt vernommen.

Die letzten Monate waren wie in einem verschwommenen Traum vergangen. Von morgens bis abends hatte sie in ihrem Arbeitszimmer gesessen und geschrieben, während Anna oder Harriets Schwester Catharine oder ihre gute alte Tante Esther Haus und Kinder versorgte. Oft hatte Harriet sogar vergessen, welcher Tag der Woche es war, während ihre Feder Zeile um Zeile über das Papier geflogen war.

Harriet hob die Hand, um sich den schmerzenden Nacken zu reiben, während sie die Straße hinunterging und den kleinen Weg zur Kirche des Colleges einschlug. Die Schmerzen in ihren verspannten Schultern waren lästig, aber erträglich – vor allem angesichts des erhebenden Gefühls, dass ihr großes Werk vollendet war. Und groß und dick war es tatsächlich geworden, viel umfangreicher, als sie geplant hatte. Aus den ursprünglich geplanten zwölf Folgen in der *National Era* war eine Geschichte geworden, die seit fast einem Jahr in wöchentlichen Fortsetzungen erschien.

Und seit wenigen Tagen gab es *Onkel Toms Hütte* sogar als richtiges, gebundenes Buch! Harriet spürte, wie ihre Schritte leichter wurden und die Müdigkeit von ihr abfiel, als sie an der schweren Tür der Kirche vorbeiging und in die Allee einbog, die zum Stadtrand hinausführte. Es war ein unbeschreibliches Gefühl gewesen, als sie das erste Exemplar in Händen gehalten hatte – in dunkelbraunes Leder gebunden und mit goldenen Verzierungen versehen. Es hatte sie an früher erinnert, als sie mit großen Augen und atemloser Ehrfurcht die Bücher auspackte hatte, die Onkel Samuel von seinen Reisen mitgebracht hatte. Der Gedanke, dass jetzt andere Menschen ihr Buch ebenso ehrfürchtig aufschlugen, war für Harriet schwer zu fassen.

Gerade erst hatte ihr Verleger geschrieben, dass sie nach nur zwei Wochen bereits die zweite Auflage drucken mussten, so hatte man ihnen das Buch aus den Händen gerissen. Harriet war noch ganz benommen von dem unglaublichen Erfolg, den ihr Werk zu haben schien. Doch die Verkaufszahlen sagten nicht so viel über die Wirkung ihrer Geschichte wie die unzähligen Briefe, die sie erhielt. Die Reaktionen auf ihre Fortsetzungsgeschichte in der Wochenzeitschrift hatten Harriet überwältigt. Beinahe jeden Tag schrieben Leser, die jeder neuen Folge mit Spannung entgegensahen, und wenn sie sah, wie tief bewegt diese Menschen waren und schrieben, *Onkel Toms Hütte* habe ihr Leben verändert, dann wurde sie zutiefst demütig. Die Worte einer Leserin hatten sich ihr besonders eingeprägt:

„Gestern Abend bin ich bis weit nach ein Uhr aufgeblieben und habe ,Onkel Toms Hütte' zu Ende gelesen. Ich konnte es genauso wenig liegen lassen, wie ich ein sterbendes Kind hätte ignorieren können, und noch eine Stunde, nachdem ich den Kopf auf mein Kissen gelegt hatte, konnte ich ein beinahe hysterisches Schluchzen nicht unterdrücken. Ich dachte, ich wäre zuvor eine überzeugte Gegnerin der Sklaverei gewesen, aber Ihr Buch hat in mir ein so starkes Gefühl der Entrüstung und des Mitgefühls geweckt, dass es mir scheint, als hätte ich in dieser Sache bislang noch gar nichts gefühlt."

Der kalte Märzwind pfiff durch die Allee und Harriet beschleunigte ihre Schritte. Vielleicht würde sie auf dem Heimweg eine Droschke nehmen, aber jetzt tat es gut, die trockene Luft zu spüren und alle Gedanken von den Frühjahrsstürmen fortwehen zu lassen. Seit sie das letzte Kapitel beendet hatte, hatte sie kaum Zeit und Gelegenheit gehabt, um zu sich selbst zu kommen. Calvin und die Kinder hatten so lange Rücksicht auf Harriets Arbeit nehmen müssen, dass sie ihnen in den darauf folgenden Tagen ihre ganze Aufmerksamkeit geschenkt hatte. Dabei war ihr bewusst geworden, wie sehr sie ihre Familie vermisst hatte. Onkel Tom und Eliza und Eva und die anderen waren in den vergangenen Monaten ihre „Familie" gewesen, und Harriet hatte mit ihnen geliebt und gelitten, hatte Angst und Not ausgestanden und den Schimmer der Hoffnung am Horizont gesehen. Jetzt musste sie selbst wieder neue Kraft tanken und das konnte sie am besten, wenn sie draußen war.

Als Harriet zwei Stunden später die Haustür aufschloss, waren ihre Füße ganz gefühllos von der Kälte. Müde sank sie in ihren Sessel am Kamin und hielt die Hände ans Feuer, um sich zu wärmen.

Kurz darauf streckte Anna den Kopf zur Tür herein. „Soll ich Ihnen einen Tee bringen, Ma'am?"

Harriet nickte dankbar. Sie streifte ihre Schuhe ab und zog die Füße unter sich. Sie würde sich ein wenig aufwärmen und dann einen Brief an ihre Freundin Georgiana schreiben.

Doch als das Mädchen wenig später mit der Teekanne erschien, schlief Harriet tief und fest.

Die Uhr in der Diele hatte gerade fünf geschlagen, als Harriet zum wiederholten Mal ans Fenster trat, um nach der Kutsche Ausschau zu halten. Vergeblich. Sie wandte sich enttäuscht ab und nahm mit einem Buch auf dem Sofa Platz. Doch nur wenige Minuten später hörte sie das Geräusch von Pferdehufen und Wagenrädern vor dem Haus. Sie sprang auf und lief in die Eingangshalle, wo der Hausdiener bereits die Tür geöffnet hatte, um den Besuch einzulassen.

„Georgie! Ich freue mich ja so, dich zu sehen." Harriet eilte mit ausgestreckten Armen auf ihre Freundin zu.

Georgiana umarmte sie und hielt sie dann auf Armeslänge von sich. „Lass dich anschauen, Hattie. Wer hätte gedacht, dass ich einmal eine richtige Berühmtheit in Kittelschürze sehe?" Sie lachten und es schien Harriet, als würden sich die Jahre, in denen sie sich nicht gesehen hatten, einfach in Luft auflösen.

Harriet nahm die Hand ihrer Freundin und zog sie mit sich. „Komm mit, ich zeige dir dein Zimmer."

Während sie ins Obergeschoss hinaufgingen, ließ Georgiana die Blicke über die Holztäfelung, die Tapeten und die Teppiche wandern. „Ihr habt euch aber seit meinem letzten Besuch deutlich verbessert."

Harriet machte eine abfällige Handbewegung. „Unser Haus in Cincinnati war viel zu klein. Und als wir hierher zogen und ich dieses hier sah, wusste ich sofort, dass es genau das Richtige ist. Obwohl das alte Gemäuer Unmengen von Geld verschlingt."

Hand in Hand betraten die Freundinnen das Gästezimmer, das einfach, aber geschmackvoll möbliert war. Auf dem Nachttisch neben dem Bett stand eine Vase mit frischen Frühlingsblumen. Georgiana ließ sich auf den kleinen Sessel fallen, der zwischen Fenster und Kamin stand. Sie lächelte verschmitzt. „An Geld dürfte es dir jetzt wohl kaum noch fehlen, oder?"

Harriet grinste und lehnte sich gegen das Fußende des Bettes. „Stimmt. Es hat wirklich Vorteile, eine Bestsellerautorin zu sein. Wenn man bedenkt, dass Calvin und ich am Anfang hofften, ich könnte von den Einnahmen ein neues Seidenkleid kaufen." Dann wurde sie wieder ernst. „Aber es ist auch nicht immer einfach, wenn man so bekannt ist."

Georgie löste das Band ihrer Haube, zog sie vom Kopf und warf sie aufs Bett. „Du bekommst sicher viele Leserbriefe, nicht wahr? Ist es nicht schrecklich aufregend, wenn so viele Menschen von deinem Buch begeistert sind?"

„Das ist es schon, aber du darfst nicht glauben, dass alle Leser begeistert sind. Es gibt Leute aus dem Süden, die mir bitterböse Briefe schreiben und mir sogar drohen. Calvin sortiert die meisten dieser Drohbriefe aus, bevor ich sie sehe – er will mich vor dem Hass und den Vorurteilen der Menschen schützen und ich weiß das zu schätzen. Aber ich habe Angst, dass mein Buch dazu beiträgt, unser Land zu spalten."

Georgiana schüttelte den Kopf. „So darfst du nicht denken. Natürlich sind die Sklavereibefürworter vor den Kopf gestoßen. Aber überleg doch nur, wie vielen Menschen du die Augen geöffnet hast, die sonst über all das Unrecht, das in unserem Land geschieht, nicht einmal nachgedacht hätten!"

Harriet blickte sie zweifelnd an. „Vielleicht stimmt das. Vor allem wünsche ich mir, dass ich mit meinem Buch etwas in den Herzen meiner Leser bewegen kann, so wie Gott mein Herz angerührt hat. Weißt du, was ich meine?"

Ihre Freundin lächelte. „Ich weiß genau, was du meinst. Ich habe *Onkel Toms Hütte* schließlich auch gelesen."

Harriet blickte zum Fenster hinaus, vor dem die Vögel sangen. „Manchmal muss ich mich fast zwicken, weil ich das Gefühl habe zu träumen. Kannst du dir vorstellen, dass die Königin von England mein Buch gelesen hat? In Deutschland und Italien und Frankreich und sogar in Schweden hat man es übersetzt!"

Georgiana stand auf und streckte die Hände aus. Harriet nahm sie und schaute ihre Freundin, mit der sie Höhen und Tiefen geteilt hatte und die ihre dunkelsten Zweifel und ihre innigsten Hoffnungen kannte, mit Tränen in den Augen an. „Ich bin ja so froh, dass du da bist. Ohne dich wäre mein Erfolg nur halb so schön."

Einige Augenblicke standen sie so da. Dann lächelte Georgiana und sagte: „Jetzt will ich aber deine Familie begrüßen. Die Kinder sind bestimmt so gewachsen, dass ich sie kaum wiedererkennen werde."

Europareise

*L*and in Sicht! Man kann die Küste sehen!" Harriet und Calvin hatten gerade ihre allmorgendliche Runde auf dem obersten Deck der *Canada* begonnen, als die Nachricht sich wie ein Lauffeuer ausbreitete.

Immer mehr Passagiere strömten die Treppen hinauf und blinzelten in die Morgensonne, während sie den Horizont mit ihren Blicken absuchten. Harriet trat an die Reling und atmete tief die frische Seeluft ein. So aufregend ihre erste Reise in diesem Frühling 1853 über den Ozean gewesen war, so sehr sehnte sie sich doch danach, bald an Land gehen zu können. Der Seegang in den vergangenen Tagen hatte ihr sehr zu schaffen gemacht, und nur hier oben an Deck hatte das flaue Gefühl in der Magengegend wirklich nachgelassen.

Es dauerte noch mehrere Stunden, bis der Passagierdampfer schließlich den Mersey hinunterfuhr und in den Hafen von Liverpool einlief. Im Laufe des Tages waren Wolken aufgezogen und es nieselte ein wenig, aber trotzdem begrüßte eine winkende und lachende Menschenmenge die Reisenden am Kai.

Harriet sah sich neugierig um. Sie sog jede Einzelheit der fremden Umgebung in sich auf, wollte sich alles einprägen, um nichts davon zu vergessen. In den Hafenanlagen wimmelte es vor Arbeitern, die Kisten und Fässer auf Schiffe luden, und es herrschte ein ohrenbetäubender Lärm. Harriet hatte noch nie so viele Menschen auf einmal gesehen. Fasziniert betrachtete sie die Männer, die am Ufer standen und zum Gruß ihre Mützen und Hüte schwenkten, während die Frauen versuchten, ihre aufgeregten Kinder von der abschüssigen Kaimauer fernzuhalten.

Nachdem das Gepäck der Reisenden ausgeladen war, durften die Passagiere von Bord gehen. Harriet streckte sich und stützte eine Hand in den schmerzenden Rücken. Calvin ging vor ihr die schwankende Landungsbrücke hinunter, während die Möwen über ihnen schrille Schreie ausstießen. Das Wasser unter ihnen wirkte dunkel und bedrohlich.

„Endlich", murmelte Harriet, als sie wieder festen Boden unter den Füßen hatte. Und zum Professor gewandt fügte sie hinzu: „Ich bin froh, dass wir endlich da sind. Ich glaube nicht, dass Schiffsreisen jemals zu meinen Lieblingsabenteuern gehören werden."

Calvin lächelte, sagte aber nichts. Harriet wusste, dass Wind und Wellen ihm nichts ausmachten – er hatte auf seinen Europareisen nicht einmal Übelkeit verspürt, und Harriet beneidete ihn um seinen robusten Magen. Auch ihren Bruder Charles und seine Frau Sarah, die mit ihnen nach Europa gekommen waren, schien das Schwanken des Schiffs nicht zu beeindrucken.

„Seht mal, es scheint fast so, als würden die Leute uns zuwinken, findest du nicht auch?"

Calvin nickte. „Ich glaube, sie meinen dich. Du darfst nicht vergessen, dass du eine Berühmtheit bist."

Harriet blickte ihn zweifelnd an. „Meinst du wirklich? Aber woher wissen sie denn, wer ich bin?" Sie ließ den Blick über die Menschen schweifen, die jetzt vor ihr eine Gasse bildeten. Viele lächelten, sie sah zahllose freundliche Mienen und vereinzelt rief jemand: „Willkommen in England! Herzlich willkommen, Mrs Stowe!"

„Solche Dinge sprechen sich hierzulande genauso schnell herum wie in Amerika."

Ungläubig staunend schritt Harriet an den Reihen Neugieriger entlang und nickte ihnen schüchtern zu. Wie es schien, waren alle diese Menschen gekommen, um die Autorin von *Onkel Toms Hütte* mit eigenen Augen zu sehen. Erst jetzt wurde ihr klar, wie weit ihre Botschaft in die Welt hinausstrahlte. Es war, als hätte sie nicht nur Englands Ufer erreicht, sondern auch Englands Herz.

Als sie das Ende des Spaliers erreicht hatte, trat ein junger Mann, der neben einer Kutsche gewartet hatte, vor und sagte: „Mrs Stowe? Herr Professor?"

Harriet sah ihn überrascht an. Der Mann kam ihr nicht bekannt vor. „Ja?"

„Ich heiße Cropper, Ma'am. Mein Vater schickt mich – er besteht darauf, dass Sie ihm die Ehre erweisen, in unserem bescheidenen Heim zu wohnen, während Sie hier in Liverpool sind."

„Vielen Dank, Mr Cropper, das ist sehr freundlich." Calvin schüttelte die Hand des Mannes.

Harriet nickte. „Einen solchen Empfang hatten wir gar nicht erwartet."

Der junge Mann sah sie überrascht an. „Wissen Sie denn nicht, wie sehr Sie hier in England bewundert werden? Ihr Buch ist in jedem Haushalt zu finden."

Harriet spürte, wie ihre Wangen wärmer wurden. „Aber ich bin doch nur eine kleine, unbedeutende Frau. Ich habe lediglich aufgeschrieben, was ich auf dem Herzen hatte."

„Und damit haben Sie die Herzen der Menschen in diesem Land berührt." Cropper reichte ihr die Hand. „Aber kommen Sie – darf ich Ihnen in die Kutsche helfen? Sie sind sicherlich erschöpft von der Reise."

Harriet lachte. „Da haben Sie recht. Ich fürchte, das Meer und ich werden keine guten Freunde werden."

Eigentlich hätte Harriet sich nach der anstrengenden Reise einen Ruhetag gewünscht, aber schon am nächsten Morgen trafen Calvin und sie beim Frühstück auf ungefähr vierzig Freunde und Bekannte ihrer Gastgeber. Sie alle wollten die Autorin von *Onkel Toms Hütte* mit eigenen Augen sehen, mit ihr sprechen und ihrer tiefen Rührung und Verehrung Ausdruck verleihen. Wie es schien, wartete ganz Liverpool nur darauf, Harriet zu sehen. Ob es daran lag, dass diese Stadt in ihrer Geschichte unzählige Sklavenschiffe gesehen hatte, sodass den Menschen das Thema besonders naheging?

Die Liverpooler Vereinigung der Damen für die Abschaffung der Sklaverei hatte die Stowes zu ihrer Versammlung eingeladen, und als sie einige Tage später den Versammlungssaal betraten, waren sie wieder einmal überwältigt von der Begrüßung. Die Menschen applaudierten minutenlang, um Harriet Respekt zu erweisen.

Schließlich bahnten Harriet und Calvin sich einen Weg durch die Menschenmenge hinauf zum Podium, wo sie auf den für sie bereitgestellten Stühlen Platz nahmen. Die Veranstaltung begann mit einem Grußwort der Vereinigung, das von ihrem männlichen Vorsitzenden überbracht wurde. Dann ging Calvin ans Rednerpult, um den Dank der Autorin auszudrücken.

Harriet spürte, wie sich Schweißperlen auf ihrer Stirn bildeten. So gerührt sie auch von der Anteilnahme der Menschen war, so unwohl war ihr bei dem Gedanken, welche Erwartungen sich auf sie, Harriet, richteten. Wer war sie schon, dass sie all diese Erwartungen erfüllen könnte? Sie durfte ja noch nicht einmal eine öffentliche Rede halten – das war einer Frau nicht gestattet. Calvin war es, der ihre Worte verlas und an ihrer Stelle Fragen beantwortete. Wie sollte sie als einfache Pastorentochter, Ehefrau und Mutter, ja, als Frau dazu beitragen, die Hoffnungen auf ein baldiges Ende der Sklaverei auch in Amerika zu erfüllen? Obwohl ihr Buch von so vielen Menschen gelesen wurde, kam Harriet sich schrecklich unzulänglich vor.

„Und deshalb darf ich Ihnen, auch im Namen meiner Frau, für den herzlichen Empfang danken, den Sie uns bereitet haben. Möge Gott Sie segnen!"

Harriet atmete tief durch und lächelte tapfer, als Calvin seine Rede beendete und ihr dann die Hand reichte, damit sie sich vor dem Publikum verneigen konnte. Sie sah, wie immer mehr der applaudierenden Zuhörer sich von ihren Plätzen erhoben, und plötzlich musste sie an ihren Vater denken. Tränen traten ihr in die Augen, als sie sich daran erinnerte, wie sie damals in der Schulaula gesessen und den Stolz in seiner Miene gesehen hatte. Damals hatte sie mit ihrem geschriebenen Wort die Anerkennung eines Mannes gesucht – und jetzt wuchs ihr so unerwartet die Anerkennung unzähliger Menschen zu, ohne dass sie sich darum bemüht hatte. Sie hatte nicht ihren eigenen Ruhm gesucht, hatte nur getan, was sie tun musste, was Gott ihr ins Herz gelegt hatte. Und er hatte diese Saat hundertfach aufgehen lassen.

Edinburgh, 30. April 1853

Meine liebe Georgie,

ich kann es noch immer kaum fassen, dass ich hier bin – in dem Land, das ich mit den Büchern meiner Kindheit lieben gelernt habe. Schottland ist mir so vertraut wie die wunderbaren Geschichten von Walter Scott. Die raue Küste, die mich an manche Ecken von Maine erinnert, die Berge, die jetzt im April noch mit Schnee bedeckt sind, und vor allem die Menschen, die mit einer beneidenswerten Offenheit auf mich zukommen. Wie froh ich bin, dass ich all das erleben darf!

Dabei staune ich immer wieder, wie viele Leute offenbar meinen Onkel Tom gelesen haben. Und woher wissen sie, dass ich hier bin? Als wir mit dem Zug nach Glasgow fuhren, standen überall an den Bahnhöfen Menschen mit Blumen und wollten mir die Hand schütteln. Und weißt Du was? Es macht mich froh und ein bisschen stolz, dass es nicht die Reichen und Mächtigen sind, deren Herz für Onkel Tom schlägt, sondern die einfachen Leute, die Bäcker und Metzger und Mütter und Kinder – sie alle haben das Buch gelesen und wollen helfen, damit das Unrecht der Sklaverei auch bei uns daheim endlich beseitigt wird. Und sie wollten die kleine Lady begrüßen, die dieses Buch geschrieben hat! Es kommt mir so merkwürdig vor und wie ein Traum, dass so viele Menschen mich sehen wollen; und jetzt werden sie sehen, dass Gott die schwachen Dinge dieser Welt erwählt.

Die Damen von der Anti-Sklaverei-Gesellschaft, die ich in Glasgow kennengelernt habe, sind wirklich wundervoll. Sie haben mich zum Tee eingeladen, und als ich den Saal betrat, waren dort kilometerlange Tische aufgestellt, wie mir schien. Hast Du schon einmal mit zweitausend Damen Tee getrunken? Es schien mir eine seltsame Idee und ich fragte mich unwillkürlich, wie wohl die Teekanne aussehen musste, die genug Tee für alle diese Leute enthielt. Du hättest deine helle Freude daran gehabt.

Aber die Frauen haben nicht nur Tee gekocht. Sie haben auch Geld gesammelt – viel Geld! Ich hatte Tränen in den Augen, als sie mir tausend Pfund übergaben. Die Menschen hier bringen Opfer, damit ich den Sklaven im fernen Amerika helfen kann. Ist das nicht eine wahrhaft christliche Tat?

Morgen brechen wir früh nach London auf, deshalb muss ich jetzt packen und zu Bett gehen. Ich werde Dir alles ausführlich berichten, wenn wir uns wiedersehen – was hoffentlich bald der Fall sein wird. So sehr ich das Reisen genieße, vermisse ich doch alle meine Lieben daheim – und dich natürlich auch!

Deine treue Freundin,
Harriet

Zögernd betrat Harriet den großen, hell erleuchteten Saal. Pfeiler ragten zur hohen Decke hinauf, von der riesige Kronleuchter hingen. Sie ließ den Blick über die versammelte Menschenmenge gleiten. Zwischen den geladenen Gästen in ihrer aufwendigen Abendgarderobe huschten Diener mit goldbestickten Uniformen und gepuderten Perücken umher, und hin und wieder wurde die Ankunft irgendeines hohen Gastes ausgerufen. Richter und Politiker, Schriftsteller und Adlige und andere Mitglieder der Londoner Gesellschaft unterhielten sich in den weitläufigen Räumlichkeiten, sodass ein sanftes, stetiges Murmeln in der Luft lag.

„Ah, meine liebe Mrs Stowe! Verehrte Kollegin!" Harriet drehte sich um, als sie ihren Namen hörte. Der Mann, der in diesem Augenblick mit ausgestreckten Armen auf sie zukam, war ungefähr so alt wie sie. Sie hätte ihn nicht als attraktiv bezeichnet, aber er hatte eine besondere Ausstrahlung, die Harriet gleich in ihren Bann zog.

Der Engländer verneigte sich mit einer eleganten Bewegung. „Gestatten: Dickens. Charles Dickens. Es ist mir eine Ehre, Sie kennenzulernen."

„Nein, nein, Mr Dickens. Ich bin es, die sich geehrt fühlt, Ihre Bekanntschaft zu machen!" Harriet erwiderte seine Begrüßung mit einem Kopfnicken und wandte sich dann zu ihrem Mann um, der hinter sie getreten war. „Darf ich Ihnen Professor Stowe vorstellen? Wenn er mich nicht zum Schreiben ermutigt hätte, wäre ich heute nicht hier."

„Oh, sagen Sie das nicht! Sie haben ein Talent, das Sie nicht für sich behalten können. Und eine Botschaft, die sich noch weniger unterdrücken lässt. Ich weiß, wovon ich rede, glauben Sie mir."

Harriet sah ihr Gegenüber neugierig an. Charles Dickens war bekannt dafür, das Elend der Armen, der Arbeiter und Tagelöhner, der Witwen und Waisen in seiner englischen Heimat so eindringlich zu beschreiben, dass man den Schmutz, die Krankheit und den stickigen Dunst der Stadt beim Lesen förmlich riechen und sehen konnte. Seine Geschichten waren in aller Welt berühmt. Aus irgendeinem Grund hätte Harriet nicht erwartet, einen so jungen Mann vor sich zu sehen.

„Das ist sehr freundlich von Ihnen, Mr Dickens. Ich habe Ihren *David Copperfield* mit großer Ergriffenheit gelesen. Es scheint Ihnen ebenso wie mir ein Anliegen zu sein, die Missstände in der Gesellschaft aufzuzeigen. Und dass Sie es mit so großem Erfolg tun, bestätigt nur, was für ein Genie Sie sind."

Dickens lächelte und machte eine abwehrende Handbewegung. „Ach was! Aber mir scheint, wir begeben uns besser zu Tisch, damit der Herr Bürgermeister seine Rede halten kann."

Ein Diener führte die Stowes zur festlich gedeckten Tafel im angrenzenden Saal und zu ihren Plätzen, und erleichtert stellte Harriet fest, dass Mr Dickens ihr gegenübersitzen würde. Bei all den anwesenden Gelehrten und Würdenträgern kam Harriet sich ganz klein und unbedeutend vor. Da tat es gut, mit einem gleichgesinnten Menschen zu reden.

Der Begrüßung durch den Gastgeber folgten im Verlauf der Mahlzeit verschiedene Ansprachen. Harriet blickte überrascht auf, als sie plötzlich ihren Namen hörte. „Wir freuen uns, dass Mrs Stowe uns heute die Ehre gibt." Der Redner nickte Harriet zu und hob sein Glas. „Ich trinke auf diese beeindruckende Dame – und auf den Gentleman ihr gegenüber, unseren verehrten Mr Dickens. Ihnen beiden gebührt Hochachtung, denn Sie haben mithilfe Ihrer Erzählungen die Aufmerksamkeit Ihrer Heimatländer auf die Situation der unterdrückten und leidenden Klassen gelenkt." Die anderen Gäste applaudierten und hoben ebenfalls ihre Gläser und Harriet spürte, wie das Blut in ihre Wangen strömte. Wer war sie schon, dass all diese wichtigen Menschen sich vor ihr verneigten? Einen Augenblick lang wünschte sie, ihr Vater könnte hier sein.

Die Mahlzeit mit ihren verschiedenen Gängen erlesener Speisen dauerte bis Mitternacht, und anschließend versammelten die Damen sich im Salon, wo Harriet auch Mrs Dickens kennenlernte. Harriet fand es wunderbar anregend, sich mit so vielen interessanten Menschen zu unterhalten, aber sie war im Gegensatz zu den Londonern nicht daran gewöhnt, die Nacht zum Tag zu machen. Ihr Kopf schmerzte und sie sehnte sich nach einem heißen Bad und ihrem Bett.

Calvin schien hier in England regelrecht aufzublühen und

neue Kraft zu schöpfen. Harriet jedoch schwirrte der Kopf. Ihr fehlte die Möglichkeit, sich für ein paar Stunden zurückzuziehen und ihre Gedanken und Eindrücke aufzuschreiben. In den vergangenen Tagen war sie von einer Veranstaltung, einer Einladung zur nächsten geeilt, in Liverpool, Schottland und jetzt London, war unzähligen Männern und Frauen vorgestellt worden und hatte sich die Sehenswürdigkeiten des Landes angesehen. Sogar die Königin von England hatte Harriet und ihrem Mann eine Audienz gewährt!

Harriet nutzte einen Augenblick, als niemand sich um sie kümmerte, um auf einen Balkon hinauszutreten. Sie sog die kühle Nachtluft tief in ihre Lungen ein und sank auf eine der Bänke entlang der Hauswand. Der Himmel über London war wolkenverhangen, sodass weder Mond noch Sterne zu sehen waren, aber in der Stadt brannten trotz der späten Stunde so viele Lichter, dass es nicht richtig dunkel wurde.

Es war nicht so, dass sie all die Aufmerksamkeit nicht zu würdigen wusste. Aber sie vermisste ihre Kinder, sie schlief eindeutig zu wenig, und das ungewohnte Essen machte ihr ebenfalls zu schaffen. Vom stundenlangen Herumlaufen in eleganten Schuhen ganz zu schweigen.

„Mrs Stowe?" Eine der Damen streckte den Kopf zur Tür heraus. „Kommen Sie, die Herren gesellen sich gerade wieder zu uns. Und einige von ihnen sind sehr gespannt darauf, Sie kennenzulernen."

Harriet seufzte und erhob sich. „Vielen Dank. Ich komme sofort." An der Balkontür blieb sie noch einmal stehen und betrachtete die funkelnden Lichter der Großstadt. Wie sehr sich das Leben hier doch von ihrem eigenen Alltag in Neuengland unterschied. Es war eine andere Welt. Aber auch in diesem Teil der Welt gab es Menschen, die gegen Ungerechtigkeit und Grausamkeit ihre Stimme erhoben. England hatte sich schon vor Jahrzehnten von der Sklaverei losgesagt, aber dass den Menschen hier das Schicksal der Sklaven in den Vereinigten Staaten nicht gleichgültig war, erfüllte Harriets Herz mit großer Dankbarkeit. Gemeinsam würden sie es vielleicht schaffen, diesem schrecklichen Unrecht Einhalt zu gebieten, und sie würde tun, was in ihrer Macht stand – auch wenn Kopf und Füße schmerzten.

Die alten Dielen knarrten unter Harriets Füßen, als sie den kleinen Raum betrat. In einer Ecke neben dem schmalen Fenster stand ein Schreibpult mit einer Kniebank, und ein einfaches Bett befand sich in der gegenüberliegenden Ecke.

„Sieh nur", sagte Harriet zu ihrem Bruder Charles. „Hier hat Luther mit seinem Gott gesprochen." Ihre Stimme war kaum mehr als ein Flüstern, so sehr hatte sie das Gefühl, an einem heiligen Ort zu stehen. Sie trat an das Pult und fuhr mit dem Finger über das dunkle Holz der Tischplatte.

Charles, der wie seine anderen Brüder in die Fußstapfen seines Vaters getreten und Pastor geworden war, nickte. „Er war nicht nur ein großer Prediger, sondern auch ein besonderer Mensch."

Harriet seufzte. „Als er hier saß, kann er noch nicht geahnt haben, welchen Auftrag er eines Tages erhalten würde. Ob er den Mut dazu gehabt hätte, wenn er es damals schon gewusst hätte?"

Es war ein heißer Sommertag, und die kühle Luft des Klosters war eine Wohltat nach dem staubigen, stickigen Dunst der Stadt. Langsam schritt Harriet den Kreuzgang hinunter, durch dessen Bögen die Nachmittagssonne schien. Alles sah so friedlich aus. Doch Harriet stellte sich vor, wie der junge Martin Luther auf demselben Steinfußboden gegangen war und mit seinem Gewissen gerungen hatte. Sie hatte eine Ahnung, wie er sich gefühlt haben musste, mit seinen drängenden Fragen auf der Suche nach einem gnädigen Gott.

Auch wenn die Predigten ihres Vaters Harriets Glauben von

Kindheit an geprägt hatten, war es Martin Luther gewesen, der ihr geholfen hatte, inneren Frieden zu finden. Er hatte sie gelehrt, den leidenden Christus zu sehen. Luthers Herz hatte für die Schwachen, die Ungebildeten geschlagen, und sein größtes Anliegen war es gewesen, diese benachteiligten Menschen zum liebenden Christus zu führen. Seine Waffen dabei waren die Bibel und ein Tintenfass gewesen, und als Harriet jetzt an dem Ort stand, wo der junge Mönch gelebt hatte, fühlte sie eine tiefe Verbundenheit mit ihm.

Es war ein besonderer Augenblick gewesen, als die Wartburg vor ihr im Dunst des Morgenlichts aufgetaucht war. Dort hatte Luther die Bibel übersetzt und den Menschen seiner Zeit das Wort Gottes nahegebracht. Luther hatte die Mächtigen oft vor den Kopf gestoßen, und Harriet musste unwillkürlich an die Drohbriefe und Verleumdungen denken, deren Opfer sie geworden war, nachdem *Onkel Toms Hütte* die Gemüter der Sklavenhalter und Südstaatenpolitiker erregt hatte. Wie es wohl für Luther war, den Hass und das Unverständnis der Leute zu spüren? Sie selbst hatte nur einige Monate gebraucht, um einen einfachen Roman zu schreiben. Er jedoch hatte sein ganzes Leben der Aufgabe gewidmet, die Gott ihm gegeben hatte. Es erfüllte Harriet mit Demut, die Luft zu atmen, die er geatmet hatte, seine Briefe zu sehen und die Kirche, wo er begraben war.

Auf ihrer Reise hatten sie noch andere Orte besucht, in denen Luther gewirkt hatte. Es war eine spannende Entdeckungsreise, und Harriet wünschte, Calvin wäre hier. Seine besondere Liebe zur deutschen Theologie und Philosophie hätte für anregende Gespräche gesorgt. Aber Calvin hatte von England aus die Heimreise angetreten, und so hatte Harriet mit Charles und Sarah ihre Reise auf dem europäischen Festland fortgesetzt.

Wenn sie darüber nachdachte, wie viel sie in den vergangenen Wochen gesehen und mit wie vielen Menschen sie gesprochen hatte, wurde ihr ganz schwindelig. Hätte sie nicht jeden Abend ihr Tagebuch geführt, obwohl ihr mehr als einmal vor Erschöpfung die Augen darüber zugefallen waren, sie hätte all die Eindrücke gar nicht richtig in sich aufnehmen können.

Die wundervollen Museen in Paris, die Schweizer Alpen, der beeindruckende Dom zu Köln, das Heidelberger Schloss und jetzt die Pilgerreise auf Luthers Spuren – das alles würde sie nie mehr vergessen. Was für ein Geschenk es war, dass sie diese Orte sehen durfte!

Als Harriet und die anderen ihren Rundgang durch das Augustinerkloster beendet hatten, gingen sie zu der Pension zurück, in der sie abgestiegen waren. Harriet hatte das deutliche Gefühl, dass noch mehr auf sie wartete, dass *Onkel Tom* erst der Anfang gewesen war.

Der Passagierdampfer hatte die Mündung des Mersey hinter sich gelassen und Harriet holte tief Luft. Die Aussicht auf eine lange Seereise behagte ihr gar nicht. Zu gut erinnerte sie sich noch an die Hinfahrt, auf der ihr ständig flau im Magen gewesen war. Charles und Sarah hatten sich in ihre Kabine zurückgezogen, um sich ein wenig auszuruhen, doch Harriet ließ sich an Deck den Wind ins Gesicht wehen. Es war kühl, aber die frische Luft tat nach dem Qualm der Liverpooler Fabrikschlote gut. Harriet zog ihr Umschlagtuch fester um die Schultern und setzte sich auf eine der überdachten Holzbänke.

Eigentlich hatte sie noch nach Irland reisen wollen, aber Calvin wartete ungeduldig auf ihre Rückkehr und eines der Kinder war krank. Deshalb hatte sie beschlossen, früher als geplant die Heimreise anzutreten. Und wenn sie ehrlich war, freute sie sich nach den aufregenden, aber auch ermüdenden Monaten unterwegs auf ihr Zuhause. Sie lächelte bei dem Gedanken daran, dass sie Calvins Arme wieder um sich spüren würde. Es war gut, dass sie nach Hause fuhr.

Sie strich sich mit der Rechten eine Locke aus dem Gesicht, und für einen kurzen Augenblick blitzte etwas an ihrem Handgelenk auf. Harriet ließ die Hand sinken und betrachtete das goldene Armband, das ihren schlanken Arm umschloss. Die Herzogin von Sutherland hatte ihr dieses Geschenk bei einer der Versammlungen gemacht, zu denen Harriet eingeladen gewesen war. Harriet dachte an die bewegende Zeremonie zurück, bei der man ihr eine Petition der Frauen Englands überreicht hatte – einen offenen Brief an die Christinnen Amerikas, alles dafür zu tun, um das Unrecht der Sklaverei zu beenden.

Harriet konnte noch immer kaum fassen, dass die Frauen überall im Land Unterstützung für ihre Petition gesucht hatten. Sie waren von Tür zu Tür gegangen und hatten mehr als eine halbe Million Unterschriften zusammengetragen – sechsundzwanzig dicke Bände voll mit Namen! Und wenn man bedachte, wie viel Geld sie gesammelt hatten, damit Harriet in ihrem Namen weiterkämpfen konnte, dann war es ein kleines Wunder. Die Frauen in England mochten ebenso wenig ein Wahlrecht haben wie die Frauen in Amerika, aber das hielt sie ganz gewiss nicht davon ab, ihre Stimme zu erheben.

Sie ließ das Armband zwischen ihren Fingern hindurchgleiten. Es hatte die Form einer Fußfessel, bestehend aus einer Kette und einer Manschette an jedem Ende. Solche Fesseln wurden in den südlichen Staaten Amerikas den Feldsklaven angelegt, damit sie nicht fliehen konnten. Auf dem einen goldenen Ring war das Datum eingraviert, an dem in den britischen Kolonien die Sklaverei abgeschafft worden war. Der andere Ring trug keine Inschrift. Er war für den Tag reserviert, an dem dies auch in Amerika Wirklichkeit wurde. Harriet blickte über das Meer hinaus, heute ganz ruhig vor ihr lag. Ob sie diesen Tag noch erleben würde? Sie glaubte nicht daran.

Tränen traten ihr in die Augen, als sie daran dachte, welches Vertrauen die Menschen überall in Großbritannien in sie setzten. Wie sollte sie diese Hoffnungen nur erfüllen? Sie war doch nur eine unbedeutende kleine Frau, die ein Talent zum Schreiben hatte. Und auch wenn sie viele Menschen im Ausland und daheim überzeugen konnte, spürte sie doch den wachsenden Widerstand mancher Mächtigen. Sie hoffte, der *Schlüssel zu Onkel Toms Hütte*, den sie noch vor ihrer Abreise nach Europa veröffentlicht hatte, würde einige der Kritiker zum Schweigen bringen. Darin hatte sie Fakten über die Sklaverei gesammelt und die tatsächlichen Schicksale von Menschen beschrieben. Doch ob dies half, die verfeindeten Lager zusammenzubringen? Oft waren sich ja nicht einmal die Gegner der Sklaverei einig darin, was der richtige Weg war.

Harriet seufzte. Sie würde tun, was in ihrer Macht stand – auch wenn es nicht viel war. Doch sie wusste auch, dass sie allein nichts bewirken konnte. Sie konnte die Herzen vieler Menschen anrühren, aber von Grund auf ändern konnte sie sie nicht. Das konnte nur einer. Und dem würde sie vertrauen müssen.

Aufbruch in eine neue Zeit

*E*s duftete nach Rührei und getoastetem Brot, als Harriet die Treppe hinunterging, und sie sog genüsslich den vertrauten Geruch ein. Sie hatte eine unruhige Nacht hinter sich, in der sie sich hin und her geworfen hatte und erst nach Stunden eingeschlafen war. Jetzt fühlte sie sich wie zerschlagen und sie fröstelte. Sie brauchte dringend eine Tasse Kaffee.

Doch als sie die vorletzte knarrende Stufe erreichte, blieb sie stehen. Irgendetwas stimmte nicht. Es dauerte einige Augenblicke, bis ihr bewusst wurde, was anders war als sonst. Es war zu still. Wo sonst Stimmen aus der Küche herüberdrangen, die Kinder redeten und lachten und Calvins kräftige Stimme den Lärm in Schach hielt, war heute nur das leise Klappern von Geschirr und ein gelegentliches Scharren von Füßen oder Stuhlbeinen auf dem Boden zu vernehmen. Harriet beschleunigte ihre Schritte und ihr Herz schlug heftig in ihrer Brust. Was war nur los?

Die anderen saßen am Tisch, wie sonst auch, und warteten auf sie, und Anna trug Bohnen und Ei auf, wie sie es jeden Morgen tat. Nur saßen die Kinder stumm und mit ängstlichem Blick am Tisch. Und als Calvin, die Zeitung in der Hand, zu ihr aufblickte, wusste sie, dass etwas Furchtbares geschehen sein musste. „Was ist passiert?", flüsterte sie.

„Gestern Nacht haben die Konföderierten Fort Sumter angegriffen. Jetzt ist das eingetreten, was die Union schon lange befürchtet hat."

„Oh nein." Harriet sank auf ihren Stuhl. Die Union der Vereinigten Staaten war in den vergangenen Monaten zusehends zerfallen. Immer mehr südliche Bundesstaaten waren ausgetreten und hatten eine eigene Staatenkonföderation gegründet. Bislang hatten sich die Auseinandersetzungen jedoch auf eine

Blockadepolitik und auf Angriffe mit Worten beschränkt. Mit dem Angriff auf den wichtigen Stützpunkt Fort Sumter der Unionstruppen war eine Grenze überschritten worden und Harriet fürchtete, dass nach diesem Ereignis nichts mehr so sein würde wie vorher. „Das bedeutet Krieg, nicht wahr?"

Der Professor nickte. „Die Belagerung des Forts dauerte vierunddreißig Stunden, aber am Ende mussten unsere Unionstruppen aufgeben. Diese Rebellion wird Präsident Lincoln sich nicht gefallen lassen."

Harriet nickte und strich ihrem Jüngsten, dem elfjährigen Charles, über den Kopf. Dann ließ sie den Blick über ihre Kinder wandern, die mit betretenen Mienen dasaßen. Sie verstanden nicht, welche Auswirkungen die Kampfhandlungen an der Ostküste von South Carolina hatten, aber sie schienen den Ernst der Lage zu spüren. Harriets Herz zog sich zusammen, wenn sie daran dachte, dass ihre Familie nun einen Krieg miterleben musste. „Und wir hatten alle so große Hoffnungen in Lincoln gesetzt. Ich dachte, wenn einer die Union zusammenhalten könnte, dann er."

„Dass er letztes Jahr zum Präsidenten gewählt wurde, hat die Situation eigentlich nur verschärft. Vielleicht hätten die Südstaaten sich nicht abgespalten, wenn ein anderer die Wahl gewonnen hätte." Calvin seufzte. „Und dabei ist er den Südstaaten doch entgegengekommen, was die Sklavenfrage betrifft." Er schüttelte den Kopf. „Ich werde nie verstehen, wie die Konföderierten sich als gute Christen bezeichnen und gleichzeitig die Sklaverei befürworten können. Und ich glaube, der Rest der Welt versteht es auch nicht."

Harriet blickte auf ihren Teller mit Rührei und Brot hinunter, machte aber keine Anstalten, etwas davon zu essen. Ihr Hunger war verflogen und selbst der Kaffee schien bitterer zu schmecken als sonst.

„Weißt du noch, wie die Menschen in England uns damals empfangen haben?", fragte sie zu Calvin gewandt, während sie mit den Fingern das Armband berührte, das ihr rechtes Handgelenk umschloss. Seit es ihr vor acht Jahren zum Geschenk gemacht worden war, trug sie es jeden Tag. Harriet wusste nicht, ob sie den Tag, an dem die Sklaverei in Amerika abgeschafft wurde, überhaupt noch erleben würde. Aber tief in ihrem Innern nagte die Angst, dass es ein langer, leidvoller Weg sein würde. „Die Frauen in Europa haben so viel erreicht – und ihre Unterstützung ist unglaublich wertvoll für unseren Kampf hier. Ich wünschte nur, wir hätten die Herzen unserer Gegner erobern können anstatt ihre Festungen."

Ihr Mann beugte sich vor und nahm ihre Hand. Er sagte nichts, sondern sah ihr nur in die Augen, aber Harriet spürte, wie der Schmerz in ihrer Seele ein wenig nachließ. Es war, als könnte schon das Teilen des Kummers ihn lindern. Wie gut, dass sie Calvin hatte. Er war vielleicht nicht immer geschickt, wenn es um Geld oder praktische Dinge ging, aber er unterstützte Harriet von ganzem Herzen. Und sie war froh, dass sie mit ihm einen Mann an ihrer Seite hatte, der sie liebte und achtete, wie sie war.

In den nächsten Tagen verfolgten die Stowes mit schwerem Herzen die Entwicklung der Feindseligkeiten. Präsident Lincoln hatte die Nordstaaten, die Staaten der Union, aufgefordert, 75 000 Soldaten zu rekrutieren, um den Aufstand der Rebellen im Süden niederzuschlagen. Die jungen Männer sollten lediglich für drei Monate verpflichtet werden. Offenbar rechnete man damit, dass es nicht lange dauern würde, die Ruhe in South Carolina wiederherzustellen. Doch in der Bevölkerung machte sich allmählich Angst breit. Was war, wenn der Krieg sich ausweitete? Was, wenn es nicht damit getan war, den Rebellen einen Dämpfer zu verpassen? Die kritische Lage der Nation war nicht nur im

Haus des Professors das wichtigste Gesprächsthema. Auch unter seinen Lehrerkollegen wurde kaum über etwas anderes geredet, und oft sprachen Harriet und Calvin mit ihren Freunden darüber bis tief in die Nacht hinein.

Harriet war gerade dabei, die Einnahmen und Ausgaben der vergangenen Wochen in ihr Haushaltsbuch einzutragen, als sie Schritte auf der Treppe hörte. Wenige Augenblicke später klopfte es an die Tür ihres Arbeitszimmers und Harriet blickte auf. „Ja?"

„Mutter?" Der zweiundzwanzigjährige Frederick streckte den Kopf zur Tür herein. „Entschuldige, wenn ich dich störe, aber …"

„Frederick! Komm rein, mein Junge – setz dich. Wie schön, dass du deine alte Mutter besuchen kommst. Wie könntest du mich denn stören?" Harriet stand auf und eilte auf ihren Sohn zu. Er umarmte sie und sie stellte sich auf die Zehenspitzen, um ihm einen Kuss auf die Stirn zu geben.

Frederick löste sich aus ihrer Umarmung und legte die Hände auf ihre Schultern. „Wo ist Vater? Ich muss euch etwas sagen."

„Er müsste gleich zurück sein. Aber nun erzähl doch erst einmal: Was macht dein Medizinstudium? Warum hast du uns nicht gesagt, dass du kommst? Du bleibst doch ein bisschen, oder? Ich sage Anna, sie soll dir etwas zu essen machen. Du bist sicher ausgehungert." Harriet machte einen Schritt auf die Tür zu, doch Frederick hielt sie zurück

„Lass doch, Mutter. Bitte setz dich wieder." Harriet gehorchte, als sie seine ernste Miene sah.

Frederick war sich lange Zeit nicht sicher gewesen, welche berufliche Laufbahn er einschlagen sollte, und so waren Harriet und Calvin froh gewesen, als er sich schließlich für die Medizin entschieden hatte. Sein erstes Studienjahr in Harvard war jetzt fast vorbei und Harriet war stolz auf ihn. Doch plötzlich stiegen Zweifel in ihr auf. Warum war er mitten im Semester hergekommen? Gefiel ihm das Studium nun doch nicht? War er vielleicht durch eine Prüfung gefallen? Harriet dachte daran, wie lebhaft Frederick als Kind gewesen war. Er war am liebsten herumgetobt und hatte nie gerne über seinen Schulbüchern gesessen. Harriet musterte den jungen Mann, der jetzt vor ihr saß, und versuchte, den kleinen Jungen in ihm zu finden. Doch es war, als hätte es das fröhliche Kind nie gegeben. Fredericks Gesicht war blass und seine Stirn in ernste Falten gelegt.

„Was ist denn, mein Junge? Warum siehst du mich so ernst an? Ist etwas passiert?"

Frederick senkte den Blick und seine Stimme klang leise, als er sagte: „Ich werde nicht nach Harvard zurückgehen, Mutter." Und dann fügte er hinzu: „Ich habe mich freiwillig beim Militär gemeldet, um gegen die Rebellen zu kämpfen."

Harriet starrte ihn an. Sie konnte nichts sagen. Es dauerte einige Augenblicke, bis die Nachricht in ihr Bewusstsein drang, und ihr entfuhr ein kleiner, erstickter Aufschrei. „Nein!"

Sie spürte, wie die Knie unter ihr nachgaben, und sie krallte ihre Hand in Fredericks Arm, um nicht zu stürzen. Ihr Sohn würde in den Krieg ziehen. Ihr lieber Junge wollte eine Waffe tragen, bei Wind und Wetter marschieren und sein Leben riskieren. „Nein, nein", murmelte sie immer wieder kopfschüttelnd.

Frederick half ihr zu ihrem Stuhl und kniete sich dann zu ihren Füßen auf den Boden. „Ich muss es tun, Mutter! Jetzt habe ich endlich das Gefühl, etwas Sinnvolles mit meinem Leben anzufangen." Seine Stimme klang flehend und Harriet schluckte die aufsteigenden Tränen hinunter. Sie wusste, wie es war, auf der Suche nach der wahren Lebensaufgabe, der eigenen Berufung zu sein. Sie selbst hatte lange gebraucht, bis sie ihren Weg gefunden hatte, aber jetzt war sie sicher, dass sie im Kampf gegen die Sklaverei am richtigen Ort war, wo sie ihrer Bestimmung gemäß leben und wirken konnte.

Doch wie konnte sie ihr eigen Fleisch und Blut in einen grausamen Krieg ziehen lassen? Sie musste versuchen, ihn davon abzubringen. „Hör zu, Frederick. Du musst nicht Arzt werden, wenn du nicht willst. Du kannst etwas anderes machen. Aber die Armee ist für dich nicht das Richtige. Du bist doch so sensibel, Junge. Du könntest doch schreiben, so wie ich es tue. Damit kannst du auch viel verändern. Als Journalist zum Beispiel ..." Harriet verstummte, als ihr Blick dem von Frederick begegnete. Er schüttelte nur wortlos den Kopf und nahm ihre Hände.

Harriet atmete tief ein und ein Schluchzer stieg aus ihrer Kehle auf. Jetzt konnte sie den Tränen nicht mehr Einhalt gebieten, sie rannen unaufhaltsam über ihre Wangen. Die Angst, noch einen geliebten Sohn zu verlieren, zog ihr das Herz zusammen. Aber sie war machtlos. So gerne sie ihren Sohn auch umgestimmt hätte, konnte sie doch nicht über Fredericks Schicksal entscheiden. Ihr blieb nichts anderes übrig, als ihn Gottes Schutz anzubefehlen und ihn gehen zu lassen.

So saßen Mutter und Sohn eine Zeit lang regungslos da. Erst als sie im Untergeschoss die Tür gehen hörte, richtete Harriet sich auf und kramte ein Taschentuch hervor, um sich die geröteten Augen zu trocknen.

„Wir müssen es deinem Vater schonend beibringen. Du weißt, dass ihn alles sehr mitnimmt. Er hat sich so gefreut, dass du Arzt wirst." Sie erhob sich und ging zur Tür. Dort wandte sie sich noch einmal zu Frederick um und lächelte tapfer. „Vielleicht kannst du ja als Sanitäter eingesetzt werden – dann kannst du anderen helfen, wenn jemand verletzt wird."

Die nächsten Wochen waren für Harriet wie ein Albtraum, während sie und Calvin darauf warteten, dass Fredericks Regiment den Marschbefehl erhielt. Dreimal kam der Befehl und dreimal gingen sie, um ihren Sohn zu verabschieden. Doch jedes Mal wurde der Abmarsch wieder verschoben. Nach außen hin ließ Harriet sich nichts anmerken. Sie lobte in ihren Zeitschriftenartikeln sogar die jungen Männer, die für die gerechte Sache in den Kampf zogen und bereit waren, dafür zu sterben. Doch insgeheim betete und bangte sie um ihren Sohn und versuchte, auf das Schlimmste gefasst zu sein.

Obwohl alle wussten, dass die Sklaverei die Hauptursache für die Spaltung des Landes und die Kriegshandlungen war, waren die Zeitungen darauf bedacht, diese Tatsache nicht so sehr in den Vordergrund zu stellen. Zu groß waren die Befürchtungen, weitere Bundesstaaten könnten sich von der Union abspalten, für deren Erhalt Präsident Lincoln schließlich kämpfte.

Harriets Bruder Henry, der im Laufe der Jahre ein viel beachteter Prediger geworden war, hielt sich dagegen in seinen Ansprachen nicht zurück. Er prangerte offen das Unrecht der Sklaverei an und warnte vor Gottes Zorn, der immer mehr Opfer fordern würde. Und Harriet hatte das Gefühl, dass die Zahl dieser Opfer alle ihre Befürchtungen übersteigen würde.

Noch eine Sache machte Harriet in diesen Tagen zu schaffen. Die Sorge, dass Frederick etwas zustoßen könnte, ließ die alten, lange vergessen geglaubten Ängste aus ihrer Kindheit wieder in ihr aufsteigen. Was wäre, wenn ihr Sohn starb, ohne seinen Frieden mit Gott gemacht zu haben? War die Saat des Glaubens, die Calvin und sie in ihn gelegt hatten, aufgegangen? Und wie war es um ihre anderen Kinder bestellt? Hatten sie eine vertrauensvolle Beziehung zu Gott entwickelt? Harriet stellte schuldbewusst fest, dass sie nur wenig darüber wusste, wie ihre Kinder in Glaubensdingen dachten und fühlten. Sie hatte immer gehofft, dass ihre Kinder einen Weg zu Gott finden würden, der ihrem Wesen entsprach, und einige von ihnen hatten das auch getan. Und das, obwohl ihre Mutter ihnen sicherlich nicht immer ein gutes Vorbild gewesen war. Wieder einmal wurde ihr bewusst, wie sehr sie doch alle von Gottes Gnade abhängig waren. Jeden Abend, wenn sie ihre Lieben vor Gott brachte, endete sie ihr Gebet mit den Worten: *Großer Gott, steh uns bei – und lass deine Liebe in unserem Leben leuchten, damit sie die Menschen erreicht.*

Die Hitze in Brooklyn war beinahe unerträglich. Harriet wischte sich den Schweiß von der Stirn, als sie die Treppe zur Wohnung ihrer Freundin hinaufstieg. In dem Zimmer, das zu ihrer Verfügung stand, waren die schweren Vorhänge zugezogen, sodass die stickige Luft und die Sommersonne nicht eindringen konnten, und so war es angenehm kühl in dem dunklen Raum. Dort angekommen, sank Harriet auf den Stuhl vor ihrem kleinen Schreibtisch, an dem sie die letzten Wochen schreibend verbracht hatte. Sie genoss diese Zeiten, in denen sie dem Familienalltag entfliehen und ungestört schreiben konnte. Und sie rechnete es Calvin hoch an, dass er ihr dies ermöglichte – auch wenn er manchmal klagte, sie bleibe zu lange fort und vernachlässige ihn. Harriet lächelte bei dem Gedanken an ihren großen, kräftigen Mann, der doch so empfindsam und zärtlich sein konnte. Sie vermisste ihn auch, und an Tagen wie diesem besonders.

Sie breitete die Zeitung, die sie in der Hand gehalten hatte, vor sich aus und las noch einmal die Ansprache des Präsidenten, die darin abgedruckt war: *Mein oberstes Ziel in diesem Kampf ist, die Union zu retten, und* nicht, *die Sklaverei zu retten oder zu vernichten. Wenn ich die Union retten könnte, ohne einen einzigen Sklaven zu befreien, dann würde ich es tun …*

Harriet ballte die Faust, als sie die Worte las. Was kümmerte sie die Union, wenn Menschen auf unsägliche Weise litten? Wen interessierte die Bundespolitik, wenn die Schwarzen in den südlichen Staaten kein Recht hatten, selbst über ihr Leben zu bestimmen, wenn sie misshandelt, verkauft, wie Tiere behandelt wurden? *Was ich in Bezug auf die Sklaverei und die Farbigen tue, das tue ich, weil ich glaube, dass es hilft, die Union zu retten; und was ich unterlasse, unterlasse ich, weil ich* nicht *glaube, dass es hilft, die Union zu retten.*

Harriet hieb mit der Faust auf den Tisch. Oh, wenn sie diesem Mann doch nur persönlich die Meinung sagen könnte! So blieb ihr nichts anderes übrig, als zu Feder und Papier zu greifen, um ihm etwas entgegenzusetzen. Sie nahm ein Blatt heraus und überlegte kurz. Dann fing sie an zu schreiben.

Mein oberstes Ziel in diesem Kampf ist, denjenigen Freiheit zu bringen, die verletzt sind, und nicht, die Union zu retten oder zu vernichten. Was ich für die Union tue, das tue ich, weil es hilft, die Unterdrückten zu befreien; was ich unterlasse, unterlasse ich, weil es nicht *hilft, die Unterdrückten zu befreien. Ich werde weniger für die Union tun, wann immer es dem Wohl der Sklaven schaden würde, und mehr, wenn ich glaube, dass es dem Wohl der Sklaven dient.*

Als sie eine halbe Stunde später den Federhalter beiseitelegte, hatte sie eine zweiseitige Kolumne für die nächste Ausgabe des *Atlantic Monthly* geschrieben. Sie las den Text noch einmal durch und nickte zufrieden. Wie oft hatte sie sich gewünscht, sie könnte die Menschen von der Kanzel aus zum Handeln aufrufen, wie ihre Brüder es taten. Harriet dachte daran, wie sie damals in England zum Schweigen verurteilt gewesen war, während ihr Mann oder ihr Bruder öffentliche Reden hielten. Genauso war es hier, in ihrer Heimat, und manchmal machte es Harriet wütend, dass die Gesellschaft ihr und allen anderen Frauen so enge Grenzen steckte. Sie hatte bemerkt, dass sie ungeduldiger geworden war. Je älter sie wurde, desto sympathischer wurden ihr Frauen wie Elizabeth Cady Stanton und Susan B. Anthony, die sich offen dem Kampf für das Frauenwahlrecht verschrieben hatten, auch wenn sie damit viele Männer vor den Kopf stießen. Harriet erlebte in ihrer eigenen Ehe immer wieder, dass die besten Entscheidungen diejenigen waren, die Calvin und sie gemeinsam trafen und trugen, und ihr Herz sagte ihr, dass die Gleichberechtigung aller Menschen in Familie und Gesellschaft der richtige Weg war. *Hier ist nicht Sklave noch Freier, hier ist nicht Mann noch Frau; denn ihr seid allesamt einer in Christus Jesus ...*

Dabei hatte Harriet noch Glück. Anders als die meisten ihrer Geschlechtsgenossinnen hatte sie trotz allem die Möglichkeit, ihre Meinung öffentlich zu machen. Sie konnte vielleicht nicht vor dem Kongress erscheinen oder in Kirchen predigen, aber sie konnte schreiben. Sie hatte sich nie als politische Aktivistin verstanden, aber das Elend der Menschen ließ ihr keine Ruhe. Ihre Bücher sprachen mit jedem Wort, das gedruckt wurde, zu ihren Lesern und Leserinnen, und die Zeitschriften, für die sie ihre Artikel und Kolumnen verfasste, waren Harriets Kanzel. Sie würde sie nutzen, um die Saat der Freiheit auf ihre Weise auszusäen.

Es war ein trüber Tag, aber in den Straßen der Hauptstadt drängten sich dessen ungeachtet zahllose Menschen. Wohlhabende Bürger, die ihre Kutschen hatten stehen lassen müssen, weil die Straßen verstopft waren; Arbeiter in ihrer schlichten Kleidung; Mütter mit kleinen Kindern an der Hand; Soldaten, die stolz ihre zerschlissenen und geflickten dunkelblauen Uniformen trugen. All die Menschen waren an diesem Tag auf den Straßen, um gemeinsam das alljährliche Dankfest zu feiern – auch wenn den meisten von ihnen sicher kaum zum Feiern zumute war. Zu viele hatten Angehörige und Freunde, die im Krieg verletzt worden waren, oder hofften und bangten, dass ihre Lieben verschont blieben. Kirchen und öffentliche Gebäude waren in Krankenstationen verwandelt worden und beherbergten die Verwundeten, Verstümmelten, Verzweifelten.

Und doch gab es an diesem Tag in der Stadt auch Menschen, die Grund zum Feiern hatten. Viele ehemalige Sklaven hatten davon gehört, dass Präsident Lincoln die Freiheit der Sklaven in den Südstaaten verkündet hatte. Und jetzt waren sie von den Baumwollplantagen im Süden geflohen und hatten sich an den konföderierten Truppen vorbei bis nach Washington durchgeschlagen. Ihre Dankgebete stiegen zwischen all dem Leid und Kummer froh zum Himmel auf.

Auch Harriet war an diesem Morgen mit gemischten Gefühlen aufgewacht. Wie konnte ein Volk, das durch einen bitteren Krieg zerrissen und blutig geschlagen war, fröhlich feiern? Wie sollte sie selbst, die mit Samuel Charles und Henry bereits zwei Söhne hatte hergeben müssen und jetzt ängstlich auf den Tag wartete, an dem Frederick in den Kampf ziehen musste, voller Dankbarkeit diesen Tag begehen? Wenn es nach ihr gegangen wäre, hätte sie sich in ihr Zimmer zurückgezogen und in die Arbeit vertieft. Doch stattdessen war sie der Einladung nach Washington gefolgt, und jetzt stand sie zusammen mit ihrer erwachsenen Tochter Hattie und dem zwölfjährigen Charles vor der stattlichen Kirche in der zwölften Straße.

„Sind wir da?“, fragte Hattie.

Harriet nickte. „Die Adresse stimmt.“

„Wieso gehen wir denn in die Kirche?“, wollte Charles wissen. „Es ist doch gar nicht Sonntag.“

„Das nicht, aber es ist ein wichtiger Feiertag.“

„Was feiern wir denn, Mama? Haben wir den Krieg gewonnen?“

Harriet lächelte traurig. „Nein, Liebling, das haben wir nicht. Der Krieg ist noch lange nicht vorbei.“ Sie strich ihrem Sohn über den Kopf. Der Junge war fasziniert von den Soldaten mit ihren Gewehren und er hörte immer gespannt zu, wenn Calvin vorlas, was die Zeitung von den Kämpfen berichtete. Für ihn war das alles kaum mehr als ein Spiel, das die Erwachsenen spielten. Harriet hoffte nur, dass er nicht auch irgendwann in den Krieg ziehen musste. Es würde ihr das Herz brechen. Mit Tränen in den Augen sagte sie: „Aber wir wollen Gott dafür danken, dass er Präsident Lincoln geschickt hat, der die Sklaven befreien will. Und dafür, dass es immer mehr Menschen gibt, die das auch wollen. Das können wir feiern, und deshalb veranstalten ein paar Leute hier in der Kirche heute ein Festessen.“

Charles' Augen leuchteten auf und er zog seine Mutter am Ärmel. „Können wir jetzt reingehen? Ich habe Hunger.“

Harriet und ihre Tochter lachten kopfschüttelnd. Dann folgten sie Charles und einigen anderen Gästen die Treppe hinauf zur Kirchentür. Das Innere der Kirche glich derzeit kaum einem Gotteshaus. Seit Monaten diente das Gebäude als Lazarett und die Bänke waren beiseitegeräumt worden. Heute jedoch waren die Verwundeten auf ihren Feldbetten verlegt worden, und an ihrer Stelle standen meterlange Tische, mit weißen Tischdecken gedeckt und voller köstlicher Speisen. Der Raum war mit Efeugirlanden geschmückt und an der Stirnwand prangte das Porträt des Präsidenten mit den Worten „Gott segne Abraham Lincoln" und „Freiheit den Gefangenen" darunter. An den Wänden waren die Bilder von verschiedenen Persönlichkeiten aufgereiht, die sich für die Abschaffung der Sklaverei eingesetzt hatten.

„Sieh mal, Charlie!", rief Hattie plötzlich. „Da ist Papa!"

Der Junge blickte sich verwirrt um, aber seine Schwester zeigte lächelnd auf ein Foto an der Wand. „Nein, du Dummerchen, dort hängt ein Bild von ihm."

Charles starrte mit offenem Mund zu dem Porträt hinauf. Dann flüsterte er: „Ist Papa denn berühmt?"

Hattie lachte. „Nicht so berühmt wie Mama."

„Dein Vater ist immer dafür eingetreten, dass die Sklaverei in Amerika abgeschafft wird, und einmal hat er sogar einer jungen Sklavin mitten in der Nacht zur Flucht verholfen."

Charles' Augen wurden immer größer. Es war offensichtlich, dass sein Vater in diesem Augenblick in seiner Achtung deutlich stieg. „Und deshalb hängt sein Bild hier?"

Harriet nickte. „Das stimmt."

Harriet war als Rednerin geladen, sodass für sie ein Platz auf dem Podest im vorderen Bereich der Kirche reserviert war. Mit Tränen der Rührung saß sie dort und sah zu, wie Hunderte ehemaliger Sklaven in die Kirche strömten. Manche trugen noch immer die Lumpen aus ihrer Gefangenschaft oder sogar nur einen Jutesack, in den sie Löcher für die Arme geschnitten hatten. Harriet zog es bei dem Anblick das Herz zusammen.

Doch wenn sie in die glücklichen, dankbaren Gesichter dieser Menschen blickte, überwog die Freude über ihre neu gewonnene Freiheit trotz aller Schwierigkeiten.

Harriet dachte daran, wie viel sich in den vergangenen zehn Jahren verändert hatte. Seit *Onkel Toms Hütte* erschienen war, hatten Millionen Menschen das Buch gelesen und den Mut gefunden, ihre Stimme gegen das Unrecht der Sklaverei zu erheben. Dass sie mit ihrem Buch so viel zu diesem Sinneswandel beigetragen hatte, war für Harriet immer wieder ein Grund zum Staunen und zur Dankbarkeit. Und jetzt sah sie mit eigenen Augen, dass die Menschen, deren Schicksal sie beschrieben hatte, neue Hoffnung schöpften.

Beinahe zweitausend befreite Sklaven kamen an diesem Tag zu dem Mahl, das man für sie vorbereitet hatte. Es war ein fröhliches Fest, und diejenigen, die fertig gegessen hatten, machten den nächsten Gästen Platz und versammelten sich, um weiter zu feiern, zu singen, zu tanzen, zu lachen und zu beten, bis der offizielle Teil der Feierlichkeiten mit verschiedenen Reden beginnen sollte. Plötzlich stimmte jemand das alte Lied an, das seit Menschengedenken der Not der Sklaven eine Stimme verlieh, und nach und nach fielen alle im Saal mit ein: *When Israel was in Egypt Land – let my people go!* Harriet spürte, wie es ihr kalt über den Rücken lief. *Lass mein Volk ziehen* – wie viele unterdrückte und versklavte Generationen hatten diese Worte schon gesungen? *Oh, mach uns aus den Fesseln los, in Christus sind wir alle frei.* Für die Menschen hier war diese Bitte endlich erhört geworden – wenn das kein Grund zum Danken war!

Doch es gab noch einen anderen Grund, warum Harriet nach Washington gereist war. Sie wollte Frederick sehen, der hier mit seiner Einheit stationiert war. Am nächsten Tag fuhr sie von Lager zu Lager, um den zuständigen Offizier zu suchen, den sie bitten wollte, ihren Sohn wenigstens für eine kurze Zeit aus dem Armeeleben zu entlassen. Schließlich erreichte sie tatsächlich die

Genehmigung für einen zweitägigen Urlaub, und als Harriet ihren Sohn am Eingang des Lagers auf sich zukommen sah, brach ihr Herz in einen stillen Jubel aus.

„Mutter!" Der junge Mann, der sie dann umarmte, war unverkennbar ihr Frederick, aber er war ihr zugleich ein wenig fremd. Der Krieg hatte ihn verändert. Seine Züge schienen härter, kantiger und er wirkte älter, aber in seinem Blick lag zum ersten Mal so etwas wie ein innerer Frieden. Vielleicht hatte er endlich seinen Platz gefunden.

„Ach, mein Junge, es tut gut, dich in den Arm zu nehmen. Ist alles in Ordnung?"

Frederick nickte. „Ja, Mutter, mir geht es gut, mach dir keine Sorgen." Er drückte Harriet noch einmal fest und ließ sie dann los. Dann gab er seiner Schwester einen Kuss und fuhr dem zwölfjährigen Charles durchs Haar. „Na, ihr zwei? Wie gefällt es euch in der Hauptstadt? Es ist ganz schön aufregend hier, nicht wahr?"

Die beiden nickten.

„Seht nur, sie haben euren Bruder zum Lieutenant befördert!", sagte Harriet, und zu ihm gewandt fügte sie hinzu: „Ich bin stolz auf dich, Frederick. Auch wenn ich dich schrecklich vermisse."

Gemeinsam fuhren die vier zu Harriets Pension auf der anderen Seite der Stadt. Frederick erzählte von seinen Kameraden und vom Leben im Lager und von den Abenden, an denen die Soldaten am Lagerfeuer Lieder sangen und über ihre Familien sprachen. Doch immer, wenn Charles bettelte, Frederick solle etwas von den Kämpfen erzählen, wich dieser aus. Harriet war dankbar dafür, dass er ihnen die blutigen Einzelheiten ersparte. Hattie und Charles berichteten von ihren Geschwistern daheim und von ihren Erlebnissen beim Festessen für die ehemaligen Sklaven.

„Und was habt ihr noch für Pläne, während ihr hier in Washington seid?", wollte Frederick wissen.

„Mama geht den Präsidenten besuchen!", verkündete Charles stolz.

Frederick starrte seine Mutter an. „Lincoln? Du bist zu Präsident Lincoln eingeladen?"

Harriet lächelte verschmitzt. „Ich kenne einen seiner engsten Mitarbeiter von früher, als wir in Cincinnati wohnten. Er war Mitglied in dem Literaturklub, durch den dein Vater und ich uns kennengelernt haben. Samuel Chase ist jetzt die rechte Hand des Finanzministers und er hat das Treffen herbeigeführt. Wie du siehst, kennt deine Mutter sehr wichtige Leute." Dann wurde sie wieder ernst. „Ich muss einfach mit Lincoln sprechen. Ich muss ihm sagen, was ich auf dem Herzen habe – und was so viele andere Frauen in Amerika fühlen."

Als Harriet wenige Tage später das Weiße Haus betrat, war sie zwar immer noch fest entschlossen, dem Präsidenten offen ihre Meinung zu sagen, aber ihr Herz schlug heftig, als sie zwischen den hohen Säulen hindurch und die Gänge des Regierungssitzes entlangschritt. Schließlich würde sie mit dem wichtigsten Mann Amerikas sprechen. Sie schickte ein Stoßgebet zum Himmel: *Herr, lass mich die richtigen Worte finden.* Ein Diener führte sie in den Roten Salon, in dem Abraham Lincoln sie empfangen würde. Der Raum war nicht groß, und trotz der üppigen Möbel wirkte er an diesem grauen Tag mit seinem Kaminfeuer gemütlich.

Der Präsident saß am Feuer, als sie eintraten. Auf Harriet wirkte der groß gewachsene, hagere Mann, der leicht vornübergebeugt saß und seine Hände wärmte, gar nicht mächtig, sondern fast ein wenig schüchtern. Mr Chase ging auf ihn zu.

„Herr Präsident?" Lincoln blickte auf. Samuel Chase trat noch etwas näher. „Mrs Harriet Beecher Stowe ist hier, um Sie zu sehen."

Sofort erhob sich der Präsident aus seinem Sessel und kam auf die Familie zu. „Mrs Stowe!", sagte er und streckte die Hand aus. „Ich bin froh, dass Sie mich besuchen!" Er führte sie zu dem anderen Sessel, der vor dem Kamin stand, und wartete, bis Harriet Platz genommen hatte. Dann setzte er sich ihr gegenüber und fügte mit einem Augenzwinkern hinzu: „Sie sind also die kleine Lady, die diesen großen Krieg verursacht hat."

Harriet wollte protestieren, doch bevor sie antworten konnte, sagte Lincoln: „Ich liebe ein offenes Feuer. Wir hatten zu Hause immer eines."

Sie sah ihn überrascht an. Abraham Lincoln war dafür bekannt, dass er nichts von hochgestochenen Formulierungen hielt. Er war ein Mann, der offen aussprach, was er dachte, und den das Volk verstehen konnte. Und doch schien es ihr ungewöhnlich, dass das Staatsoberhaupt in einem so vertrauten Tonfall mit ihr sprach. Wie wenig unnahbar dieser mächtige Mann doch schien, wie freundlich und offen und zugleich melancholisch. Harriet musste daran denken, dass er im Frühjahr seinen kleinen Sohn verloren hatte. Wie gut sie diesen Schmerz kannte! Keine Macht oder Berühmtheit dieser Welt konnte sie vor den schmerzlichen Erfahrungen des Lebens schützen. Als sie sprach, war ihre Stimme voller Mitgefühl.

„Ich fühle mich sehr geehrt, dass Sie mir Ihre Zeit widmen, Herr Präsident. Schließlich bin ich nur eine unbedeutende Schriftstellerin und Sie haben sicher genug damit zu tun, dieses Land zu regieren."

Er lächelte. „Ja, es ist nicht immer einfach, das Regieren. Ich muss das Gesetz vertreten und die Bedürfnisse vieler Menschen berücksichtigen – und das Wohl der Nation. Aber es ist für mich sehr wichtig zu wissen, was das Volk denkt. Und Sie, meine liebe Mrs Stowe, haben immer wieder die Gedanken und Gefühle der Amerikaner in Worte gefasst. Dafür möchte ich Ihnen danken. Auch wenn ich dabei nicht immer gut weggekommen bin."

Harriet spürte, wie das Blut in ihre Wangen stieg, und sie senkte verlegen den Blick. In ihrer Ungeduld hatte sie oft heftig auf Lincolns Vorgehen reagiert. Zu zögerlich waren ihr seine Maßnahmen gegen die Sklaverei im Süden erschienen, zu halbherzig seine Stellung zur Befreiung der Sklaven. Doch in diesem Augenblick wurde ihr bewusst, dass ein Präsident nicht einfach seinen Gefühlen folgen konnte, wenn er politische Entscheidungen traf.

So wie Harriet ihrem Gewissen folgte, wenn sie immer wieder die Stimme erhob, um das Unrecht der Sklaverei anzuprangern, war auch Lincoln seinem Gewissen verpflichtet – und das war in einem Krieg doppelt schwer. Sie würde darauf vertrauen müssen, dass er den richtigen Weg fand.

„Das ist auch der Grund, warum ich hier bin, Herr Präsident. Vor einigen Jahren war ich in England, und die Frauen dort haben an ihre Geschlechtsgenossinnen hier in Amerika appelliert, es sei unsere Christenpflicht, uns für die Abschaffung der Sklaverei einzusetzen. Das hat mich sehr beeindruckt und ich habe das dringende Bedürfnis, den fünfhunderttausend Frauen, die den Appell damals unterschrieben haben, im Namen der Amerikanerinnen zu antworten." Harriet hob den Blick und sah ihr Gegenüber unverwandt an. „Was kann ich ihnen schreiben? Werden Sie dafür sorgen, dass in unserem Land Menschen nicht mehr unterdrückt werden, weil sie eine andere Hautfarbe haben? Werden Sie alles tun, um das Unrecht der Sklaverei zu beenden?"

Lincoln schwieg lange. Dann sagte er: „Auch wenn dieser Kampf so lange weitergeht, bis jede Familie im Land einen Toten zu beklagen hat, bis aller Reichtum, der durch die unbezahlte Arbeit der Sklaven angehäuft wurde, verschwendet ist und jeder vergossene Blutstropfen gesühnt – wir können uns nur vor dem Allmächtigen beugen und auf seinem Weg der Gerechtigkeit gehen." Und leise fügte er hinzu: „Ich werde alles tun, was in meiner Macht steht. Mit Gottes Hilfe."

Epilog

*D*ie Schritte auf dem Flur rissen Harriet aus ihren Gedanken. Sie blickte auf und wenige Augenblicke später öffnete sich die Tür ihres Arbeitszimmers. Calvin streckte den Kopf zur Tür herein. „Harriet? Hast du meine Brille gesehen?"

Harriet lächelte und schüttelte den Kopf. „Vielleicht liegt sie unten im Salon, wo du heute Morgen die Zeitung gelesen hast. Du könntest Betty bitten, die Brille zu suchen."

„Danke, meine Liebe – was würde ich nur ohne dich machen?" Harriet erhob sich und ging auf ihren Mann zu. Von seinen Haaren war ihm nur noch ein weißer Kranz geblieben, aber der mächtige, volle Bart, der sein Kinn zierte, verlieh ihm eine besondere Würde.

Sie nahm seine Hände und sah ihn zärtlich an. „Du würdest wahrscheinlich vergessen, dass nicht nur der Geist, sondern auch der Leib zusammengehalten werden muss", sagte sie lächelnd, „und deshalb erinnere ich dich lieber daran, dass in einer Stunde das Mittagessen aufgetragen wird."

„Gut, gut, ich werde daran denken." Er küsste sie auf die Wange und wandte sich zum Gehen. „Ich gehe nach unten, um meine Brille zu suchen."

Als er gegangen war, blickte Harriet noch eine Weile auf die Tür, die sich hinter ihm geschlossen hatte. Sie dachte an all die Jahre zurück, die sie gemeinsam verbracht hatten. Nicht immer am gleichen Ort, aber doch in Gedanken miteinander verbunden, auch wenn einer von ihnen beiden auf Reisen gewesen war. Sie hatten gute Zeiten erlebt, hatten auch viele Schicksalsschläge ertragen und überlebt. Ihr Blick fiel auf das Bild des kleinen

Samuel Charles. Auf dem Foto sah es aus, als schliefe der Junge. Aber noch immer überkam Harriet eine tiefe Traurigkeit, wenn sie daran dachte, wie die Cholera ihr den Sonnenschein ihres Lebens geraubt hatte. Sie atmete tief durch und ging wieder zu ihrem Schreibtisch zurück.

Nein, das Leben hatte ihr nicht immer einen einfachen Weg geebnet. Es hatte steinige Pfade gegeben, manchmal auch un-überwindbare Hindernisse und Umwege. Aber sie hatte das Glück gehabt, einen treuen Gefährten an ihrer Seite zu haben. Und vor allem hatte der, der sie mit all ihren Begabungen und Fehlern geschaffen hatte, sie nie im Stich gelassen. Alle Hoff-nungen und Schwierigkeiten, alle Erfolge und Niederlagen wa-ren in seinem guten Willen für ihr Leben aufgegangen.

Harriets Blick wanderte in den verschneiten Garten hinaus, über dem die Sonne jetzt hoch am Himmel stand. Es war noch etwas Zeit bis zum Mittagessen. Sie setzte sich an ihren Schreib-tisch und holte Briefpapier und Feder heraus. Lange hatte sie nicht mehr an ihre Freundin Georgiana geschrieben.

Meine liebe Georgie,
ich hoffe, Du bist wohlauf und genießt die Zeit mit Deiner Familie. Wie viele Enkel hast Du inzwischen? Ich musste ja lange auf Enkel warten, aber sie sind eine große Freude für mich. Das ist ein Trost, wenn die Kinder groß werden, nicht wahr?

Manchmal frage ich mich, ob ich nicht vieles anders hätte ma-chen sollen. Meine Kinder hatten es wahrlich nicht leicht mit ihrer schreibenden Mutter. Doch hätte ich nicht geschrieben, was wäre dann aus meinen literarischen „Kindern" geworden? Onkel Toms Hütte *hätte es dann nie gegeben.*

Auch heute fragen die Leute mich immer wieder, wie es dazu kam, dass ich Onkel Tom erschuf.

Harriet hielt inne und dachte zurück an jenen Februartag, an dem sie in der kalten Kirche gesessen und die letzte Szene der

Geschichte in lebhaften Bildern vor sich gesehen hatte. Nicht sie hatte die Entscheidung getroffen, diese Geschichte zu erzählen, die seitdem so viele Menschen berührt hatte. Millionen ihres Buches waren seit damals verkauft worden.

Ich hatte nicht vor, etwas Bedeutendes zu erreichen, ich wollte nicht berühmt sein. Es ist mir einfach widerfahren und ich tat, was ich tun musste. Ich schrieb es zwangsläufig auf, aber ich war nur die Feder in Gottes Hand. Was gut und kraftvoll daran ist, kam von ihm. Ich war nur sein Werkzeug. Es ist seltsam, dass er mich erwählt hat, behindert und angebunden, wie ich war, mit einer schwachen Gesundheit und all den familiären Sorgen. Aber ich musste es tun.

Harriet lehnte sich auf ihrem Stuhl zurück und rieb sich den schmerzenden Arm. Dabei berührten ihre Finger das goldene Armband an ihrem Handgelenk, das jetzt an beiden Seiten ein Datum trug. Ja, sie hatte ihre Aufgabe erfüllt. Und sie war hundertfach belohnt worden – mit Geld und Anerkennung, mit aufregenden Begegnungen und wundervollen Reisen und mit dem großen Glück, diese Welt ein klein wenig verändert zu haben. Vor allem aber hatte sie das gefunden, was ihr Herz so lange gesucht hatte. Sie hob den Blick und ließ ihn über den stillen Garten schweifen. Wie friedlich dieser Flecken Erde aussah – die Unebenheiten und kleinen Unvollkommenheiten waren unter dem leuchtend weißen Schnee nicht zu sehen.

Steve Turner

Amazing Grace

John Newton und
die bewegende Geschichte
seines weltbekannten Liedes

208 Seiten, Taschenbuch
ISBN 978-3-7655-4071-4

Amazing Grace – das beliebte Lied mit der eingängigen Me-
lodie ist weltbekannt. John Newton schrieb die Verse vor über
200 Jahren im Rückblick auf sein teilweise verpfuschtes und zugleich abenteuerliches Leben, das in einer Sturmnacht auf hoher
See die entscheidende Wende erhielt. Wer war dieser Mann, der
die „erstaunliche Gnade" Gottes so ergreifend rühmte?

BRUNNEN VERLAG GIESSEN
www.brunnen-verlag.de